Antonella Romeo

La deutsche Vita

Aus dem italienischen Manuskript übertragen
von Barbara Schaden

Hoffmann und Campe

1. Auflage 2004

www.hoffmann-und-campe.de
Schutzumschlaggestaltung: Büro Hamburg/Susanne Schwarz
Umschlagfoto: Frank Darius
Satz: Buch-Werkstatt GmbH, Bad Aibling
Druck und Bindung: Clausen & Bosse, Leck
Printed in Germany
ISBN 3-455-09428-7

HOFFMANN
UND CAMPE

Ein Unternehmen der
GANSKE VERLAGSGRUPPE

Inhalt

Es war ein dichtes Italien im Kostüm, im Zweireiher, das gut gekleidete und gut bestallte Italien, das bestgekleidete Volk Europas, welch ein Kontrast auf den Straßen von *** zu den plumpen, nicht schön anzusehenden Scharen von Deutschen, Engländern, Schweizern, Holländern, Belgiern auf Gruppenreise, Frauen und Männer von buntscheckiger Hässlichkeit, mit knielangen Hosen, Socken in Sandalen oder Schuhen über nackten Füßen, mit geblümten Kleidern, hervorspitzender Wäsche, weißem und rotem Fleisch, das sich, auch wenn es die Farbe wechselt, gegen jegliche Eleganz und Harmonie sperrt. Diese ausländische Phalanx, zu jeder Jahreszeit gierig nach Meer … wurde von den Einheimischen mit einer Spur Mitleid gemustert, ganz anders als früher, als der Fremde ein Botschafter aus wohlhabenderen und kultivierteren Welten gewesen war. Und doch – ein hauchzarter Sprung im mühelosen Hochmut des ansehnlichen, geschniegelten, lässigen, dem Anschein nach über Amerika bestens informierten Italieners – blitzte einen kurzen Moment lang der strenge Geist der Demokratien des Nordens auf, der Verdacht, dass sich in diesen ungehobelten Urlaubern etwas Solideres, weniger Provisorisches bewegte, Zivilisationen, die es gewöhnt sind, etwas zustande zu bringen.

Italo Calvino, La speculazione edilizia

A mia madre,
Cecilia e Alessia

Ein deutscher Mann

Noch nie hatte ich mit einem deutschen Mann gesprochen – ich hatte noch nicht einmal einen aus der Nähe gesehen. Es geschah an einem frühen Junimorgen im Jahr 1989 in Minnesota. Er war offensichtlich sehr früh aufgestanden und saß in der Wohnküche im Erdgeschoss an einem Tisch. Ich entdeckte ihn von der Treppe aus; ich ging auf ihn zu, um ihn zu begrüßen. Als Letzter von uns, einer Gruppe von zehn Journalisten aus allen Teilen der Welt, die hier zusammengekommen waren, um gemeinsam sechs Monate in den USA zu verbringen, war er am Tag zuvor spätabends eingetroffen.

Das ist also der Deutsche, der noch fehlte, dachte ich und streckte ihm die Hand hin. Er erhob sich, und ich starrte ihn ungläubig an, weil das Aufstehen gar kein Ende nahm. Als er sich endlich zu voller Größe aufgerichtet hatte, kam es mir so vor, als wären meine Augen seinen Füßen näher als seinem Gesicht. Von den unteren Extremitäten, die in den unverwechselbaren deutschen Sandalen steckten – den beiden Sockeln, auf denen der Turm ruhte –, wanderte mein Blick aufwärts über zwei spärlich blond beflaumte Beine, deren Mozzarellaweiß gegen die bunten Shorts geradezu leuchtend abstach, bis er ein von der schlaflosen Nacht gezeichnetes, aber lächelndes Gesicht erreichte, eine Brille mit dicken, runden Gläsern in einer Goldfassung, wie sie selbst in Deutschland schon seit etlichen Jahren nicht mehr in Mode gewesen sein dürfte. Seine Augen waren zwei nach außen hin abfallende schmale Schlitze, die seinem Gesicht etwas Melancholisches gaben. Der Schnitt dieser Augen, die Blässe, die monumentale Statur – das fand ich alles sehr fremdartig. Ich betrachtete ihn wie ein exotisches Zootier, einen Vogel von ungewöhnlicher Färbung und Proportion und mit obendrein unaussprechlichem Namen: Urlic? Ulric? Ulrisch? Wir einigten uns auf Ulli. Wo hatte ich einen wie ihn gesehen? Ich musste an die alten deutschen Meister denken, an Cranach, an die nackten, ein wenig femininen Adamsgestalten mit milchweißer Haut, winzigen traurigen Augen, der Gesichtsausdruck engelsgleich und entrückt.

Es war keine Liebe auf den ersten Blick, sondern eine Reihe kleiner gemeinsamer Erlebnisse, die uns einander näher brachten. Auch er fuhr gern Rad, hörte gern Jazz, ging gern mit Freunden essen, ohne dass jeder für sich bezahlte.

Ich war siebenundzwanzig und kannte nur italienische Männer. Vor allem diejenigen, die mich nicht interessierten, hatten es oft eilig, zur Sache zu kommen. Sie hielten jegliches Hofieren für Zeitverschwendung. Die gemeinsamen Interessen mussten zwangsläufig ins Schlafzimmer führen – meist in das der Frau, denn der italienische Mann lebt entweder bei der Mamma oder bei der Ehefrau.

Ich war in einem Land aufgewachsen, in dem die körperliche Nähe eines Mannes, im Bus oder im überfüllten Zug, unweigerlich damit endet, dass die Frau begrapscht wird. Krasser Exhibitionismus auf der Straße, plumpe Annäherungen, vulgäre Komplimente sind keine Seltenheit. Dabei war ich nie eine besonders auffällige Erscheinung. Als junges Mädchen hatte ich eine Freundin, die wegen einer Stoffwechselstörung sehr dick war und einmal von einer Gruppe Gleichaltriger »Elefant« genannt wurde – als ich sie verteidigte, hätte ich mir beinahe Prügel eingehandelt. Meist hielt ich aber den Mund, steckte ein und tat, als hätte ich nichts gehört.

Kurz, ich war durch die harte Schule des hungrigen Jägers gegangen, eines in Italien vorherrschenden Typs, dem man nur entrann, wenn man das Glück hatte, auf eine der wenigen Ausnahmen zu stoßen: Das war die Erfahrung, die ich als junge Frau gemacht hatte.

Und auf einmal hatte ich es mit einem ganz anderen Typ Mann zu tun, dem *Homo germanicus*, der meine bisherigen Erfahrungen mit einem Schlag zunichte machte und mich mit neuen, mir ganz fremden Regeln konfrontierte.

Viele Jahre später brachte mich Liisa, eine attraktive finnische Ärztin, sehr zum Lachen, als sie sich über die Ernsthaftigkeit der deutschen Männer beklagte, über ihre Unfähigkeit, die Initiative zu ergreifen, zu flirten, sich ein Abenteuer zu gönnen. Du musst ihnen selber den Hof machen, sagte sie, musst sie direkt überreden, damit sie sich auf eine gemeinsame Nacht, eine nette erotische Begegnung einlassen. Und danach wirst du sie nicht mehr los. Tags darauf stehen sie vor deiner Tür, wollen reden, eine Beziehung aufbauen, dich sogar heiraten.

Mit Ulli redete ich mir die Zunge taub, fuhr Rad, bis meine Beine erschöpft und meine Augen von der Betrachtung der amerikanischen Landschaft müde waren. Ich strapazierte meine Ohren in Konzerten zeitgenössischer Musik, und vor allem verging unsere Zeit mit Arbeit, Arbeit, Arbeit. Wir arbeiteten ausgezeichnet zusammen. Einmal interviewten wir in Sacramento ein schwules Paar, das dank der sehr liberalen kalifornischen Gesetze zwei kleine Kinder adoptieren konnte. Wir verbrachten einen halben Tag miteinander, waren uns offensichtlich gegenseitig sympathisch, es herrschte eine freundliche, vertrauensvolle Atmosphäre. Deshalb küsste ich die beiden zum Abschied auf die Wangen und bekam vier Küsschen zurück. Ulli sah sich diese für ihn ungewöhnliche Art des Verabschiedens an und schüttelte unseren Gastgebern herzlich die Hand. Später, im Auto, fragte er, ob ich meine Interviewpartner grundsätzlich küsste.

Als ich ein halbes Jahr später zum ersten Mal nach Norddeutschland kam, fiel mir anfangs gar nicht auf, mit welcher Zurückhaltung die Leute sich dort begrüßten. Ich verteilte ungeschickt Küsschen nach links und nach rechts und kann nicht einmal sagen, dass ich damit auf Missfallen stieß – oft aber stürzte ich den Empfänger in Verwirrung. Manche bemühten sich, locker zu bleiben und die verständnisvolle Haltung des keinesfalls ethnozentrischen Individuums gegenüber Vertretern anderer Kulturen herauszukehren, und küssten mich ebenfalls. Die meisten reagierten auf meinen südländischen Überschwang mit nordischer Verlegenheit, was zu Zusammenstößen von Nase und Wangenknochen oder, noch peinlicher, zu Lippentreffern führte. Bald wurde mir klar, wie sehr die Menschen in diesem Teil Europas vor Berührungen zurückscheuen – hier ist nicht einmal der Händedruck selbstverständlich. Die Männer klopfen einander eher auf den Oberarm, als müssten sie sich gegenseitig Mut zusprechen, um den geselligen Abend, zu dem sie eingeladen worden sind, zu bewältigen.

In den ersten Jahren litt ich ein bisschen unter dieser Stummheit der Körper. Einmal, erinnere ich mich, saß ich in einer Kneipe einem deutschen Freund gegenüber. Wir steckten mitten in einer angeregten Diskussion, als mich plötzlich intensiv das Gefühl überkam, ich telefonierte mit ihm … Mit der Zeit gewöhnte ich mich an den Code der Distanz, an den sich die Frauen weniger streng halten als die Männer.

Der erste deutsche Mann, auf neutralem Terrain kennen gelernt, begann nach ein paar Wochen Amerika nicht mehr nur ethnologisches Interesse in mir zu wecken. Bei Interviews mit schwangeren Lesben und streikenden Bergarbeitern waren wir zum Team geworden – vielleicht konnten wir auch privat harmonieren.

Eines Abends unternahmen wir einen langen Spaziergang, und ich weiß nicht mehr, wie es kam, dass meine Hand plötzlich in der seinen hing. Jetzt passiert was, dachte ich. Weit gefehlt. Wir gingen und gingen, und die Alleebäume sahen eine große, hagere Gestalt näher kommen und an ihrer Seite eine viel kleinere, die kaum Schritt hielt. Ich fürchtete schon, der Abend werde damit enden, dass wir gemeinsam den Mond anseufzten, wie ich mir das nach den Überresten meines Schulwissens über die Zeit der Romantik so bei den Deutschen vorstellte. Irgendwann blieb ich einfach stehen, blickte zu ihm hinauf und fragte: »Will you kiss me now, or do I have to climb a tree?«

Gänsehaut

Ich hatte mich in einen Deutschen verliebt und wusste nicht, wie ich es meiner Mutter sagen sollte. Sie bekam schon jedes Mal eine Gänsehaut, wenn sie nur deutsche Laute vernahm.

Sie musste immer an die Zeit der *occupazione* denken, der deutschen Besatzung in Italien, als in dieser fremden Sprache Befehle erteilt und Urteile gesprochen worden waren. Sie sah die großen Uniformen und Stiefel als Herrscher einer Winternacht im Haus ihrer Großmutter. Dorthin, nach Sangiorio im Susatal, Piemont, war meine Mutter mit ihren Eltern und Bruder Carlo aus der Industriestadt Turin geflüchtet, um den Bomben der Alliierten zu entgehen. Die Deutschen suchten ihren Vater, den Partisanen, aber die Frauen hatten ihn in letzter Minute in einem Abstellraum versteckt und mit der Kraft der Verzweiflung einen mächtigen Schrank vor die Tür geschoben.

Sie würden den Familienvater in seiner Werkstatt in Turin finden, sagten sie den Uniformierten. Die nahmen die

Frau des Partisanen, meine Großmutter, fest, beschlagnahmten die Marmeladengläser und befahlen dem kleinen Mädchen, sich warm anzuziehen, weil sie … eine lange Reise vor sich habe. Meine Mutter war fünfzehn und erinnert sich noch heute, wie ihre Großmutter zitternd auf der Treppe stand, weinte und schrie: »Sie bringen die Kleine nach Deutschland, sie bringen die Kleine nach Deutschland.«

Meine Mutter hatte in diesem Moment keine Angst. Nicht einmal, als sie zusammen mit den Militärs in den Wagen stieg. Sie hat immer von dem Blick eines blonden Soldaten gesprochen. Der saß ihr gegenüber und zwinkerte ihr zu; sie könne ganz ruhig bleiben, las sie in seinem Gesicht, sie müsse nichts befürchten.

In Turin suchten sie die väterliche Werkstatt auf und standen vor heruntergelassenen Rollläden. Also brachten die Besatzer meine Mutter in eine Kaserne, wo sie auf dem Flur Platz nehmen und warten musste.

Die Soldaten, die vorbeikamen, starrten sie an und erkundigten sich, was ein Mädchen in der Kaserne verloren habe. Dann sagten sie zu ihr: »Tuo padre partigiano!« … »Non partigiano, *artigiano*«, wiederholte sie immer wieder, mit dem Klang der Wörter partigiano und artigiano – Handwerker – spielend, obwohl ihr nach Spielen nicht zumute war. Sie bekam schwarzes Brot zu essen, und wenig später wurde sie ins Dorf zurückgebracht.

Zweimal am Tag fuhr sie dann mit dem Rad ins Nachbardorf, um ihrer Mutter, die dort im Gefängnis saß, etwas zu essen zu bringen. Eines Tages fand das Mädchen die Zelle leer und niemanden, der ihr sagen konnte, wo die Gefangene geblieben war. Sie machte sich auf zum Hauptquartier der Deutschen, um nach ihrer Mutter zu fragen, aber dort fand sie nur die Dolmetscherin aus Südtirol: »In diesen Zeiten weiß man nie«, sagte die achselzuckend. »Vielleicht war sie verzweifelt und ist in den Kanal gesprungen.« Aber wenn es so wäre, erwiderte meine Mutter hartnäckig, hätte man die Leiche doch wohl im Kanalgitter gefunden.

Drei Tage lang kam sie immer wieder zum Hauptquartier, dann verriet ihr die Kollaborateurin aus Südtirol, dass die Gefangene in ein zur Kaserne umfunktioniertes Haus verlegt worden war. Dort hatte sie eine Zelle von zwei mal zwei Metern, sie war die einzige Frau in dem von feindlichen Soldaten bewohnten Gebäude. Man wollte sie als Köder benutzen und hoffte, ihr Mann werde mit seinen Kumpanen aus den Bergen kommen, um sie zu befreien. Die Deutschen hatten eine Falle aufgestellt, aber mein Großvater überließ seine Caterina ihrem Schicksal.

Sie hatte Glück. Nach einem Monat wurde sie freigelassen. Wegen der Enge der Zelle waren ihre Beine so steif geworden, dass sie hinausgetragen werden musste. Immerhin lebte sie. Sie hatte Glück, weil drei Tage nach ihrer Freilassung auf der Piazza vor dem Bahnhof drei Geiseln erschossen wurden, die zuletzt im selben Haus festgehalten worden waren.

Nicht lange danach stand mein Großvater mit dem Gesicht vor einer Wand, und auf seinen Rücken zielten Maschinenpistolen, bereit zu schießen. Er war im Tal mit anderen Männern in eine Absperrung der Deutschen geraten. In dem Moment, als sie auf dem Dorfplatz erschossen werden sollten, schrie jemand: »Es brennt, es brennt!« Tatsächlich stand der Kindergarten in Flammen, und in dem Tumult, der daraufhin ausbrach, machte sich mein Großvater aus dem Staub, flüchtete in die Kirche, rannte in den Dachstuhl hinauf und versteckte sich dort bis tief in die Nacht.

Nach der *Liberazione* war es die Dolmetscherin aus Südtirol, die im Kanal endete. Jemand hatte auf die Amnestie nicht warten wollen und sie ins Wasser geworfen. »Der war auf Draht«, sagte meine Mutter, »es ist nie herausgekommen, wer das war.«

Die Seelen brannten. Massengräber bringen die Grausamkeiten ans Licht, wenn ein Krieg zu Ende geht.

Schon als Mädchen kannte meine Mutter die Grausamkeiten des Krieges. Sie ging mit den anderen, um verscharrte Partisanen aus der Erde zu holen. Eine Krankenschwester wusch und desinfizierte die Leichen. Die Umstehenden nahmen an, der korpulenteste der Jungen sei einer jener von den Deutschen gefangen genommenen Russen gewesen, die sich den italienischen Partisanen angeschlossen hatten, denn … die Augen waren ihm ausgestochen worden. Andere Leichen hatten an den Händen keine Nägel mehr. Jemand machte Fotos.

Die Bilder der jungen Märtyrer wurden jahrzehntelang in einer alten Schachtel aufbewahrt, zusammen mit den Fotos vom Strand und denen von der Hochzeit entfernter Cousinen. Die gruseligen Bilder wären im Familienalbum gelandet, hätte es in den Nachkriegsjahren die Zeit und Ruhe gegeben, sie einzukleben.

Als meine Großeltern starben und ihr Nachlass aufgeteilt wurde, habe ich lieber die Strandaufnahmen genommen. Von meinem Großvater blieb mir das rote Seidentuch, auf das meine Großmutter mit weißem Faden einen Stern gestickt hatte und in seine Mitte Hammer und Sichel. Er hatte das Halstuch am 25. April 1945 getragen, dem Tag der *Liberazione,* als alle feierten und niemand je ein Faschist gewesen war.

Meine Mutter hat vor ein paar Jahren die makabren Bilder weggeworfen, in der Illusion, sie so auch in ihrem Gedächtnis zu beseitigen. Aber die Erinnerungen laufen ihr hinterher wie treue Bestien. In jeder Situation können sie zubeißen, und dann muss sie davon erzählen. Zu Hause beim Kochen oder im Supermarkt. Die Erinnerungen folgen ihr, wenn sie die Piazza von Sangiorio überquert und den mittelalterlichen Steinbrunnen sieht, aus dem ich als Kind gern getrunken habe und aus dem jetzt meine Töchter gern trinken. Meine Mutter sieht deutsche Soldaten mitten im Winter in das eiskalte Wasser des Beckens eintauchen, um sich zu waschen.

Im Sommer 1989 hatte ich als Journalistin ein Stipendium bekommen und mich in Amerika in einen Kollegen verliebt. Ich konnte nicht warten, ich musste meine Mutter anrufen: »Mamma, ich habe mich verliebt. In einen *Deutschen*.« Ich hätte auch nur sagen können: »Ich habe mich verliebt«, das war die Jahre davor so oft nicht vorgekommen. Vor allem hatte ich es nie so eilig gehabt, es meiner Mutter mitzuteilen. Meine Freunde waren nicht alle präsentabel gewesen, aber dieser Mann überstieg jeden Maßstab.

Für meinen Vater wäre das nicht so schlimm gewesen: Ein Mann, der eine andere Sprache spricht, werde vielleicht die Frechheiten überhören, die seine Tochter gewöhnlich von sich gibt. Aber wie sollte ich mit der Gänsehaut meiner Mutter umgehen? Ich musste es ihr beichten, als ob ich ein Gewicht abwerfen wollte, als ob mir eine Sünde zu verzeihen wäre.

Jahrelang waren die Deutschen in die Familiengespräche als Invasoren eingedrungen. Nur die einheimischen Faschisten galten als niederträchtiger, weil man ja wusste, dass sie das Schlimmste auf der Welt waren. Ich fürchtete die Reaktion meiner Mutter, aber die sagte nur: »Dass mir so was passieren muss!« Ich weiß bis heute nicht, ob sie es ironisch meinte oder ernüchtert die Laune des Schicksals kommentierte.

Meinem Großvater wollte ich es persönlich sagen. Mit neunzig hatte er es endlich aufgegeben, in seiner Werkstatt zu arbeiten. Die Schuld daran, dass er vorzeitig in Rente gehen musste, wies er einem Nagel zu, den er sich in den Fuß getreten hatte. Er hielt es für ausreichend, die Wunde mit ein bisschen Benzin zu desinfizieren, wie er es in der Zeit des Ersten Weltkriegs gelernt hatte ... Nun war er über neunzig, konnte nicht mehr laufen und verbrachte viel Zeit vor dem Fernseher. Er war schwerhörig geworden, und um dem Programm folgen zu können, trug er zwei überdimensionale Kopfhörer, die ihm die Erscheinung eines Astronauten gaben. Er lebte sowieso seit geraumer Zeit auf einem anderen Stern, von dem aus er über das Fernsehen schimpfte: »Tutte americanate!« Lauter amerikanischer Schwachsinn!

»Nonno, ich habe mich in einen Deutschen verliebt«, sagte ich zu ihm, ohne die Stimme anzuheben, wie ich es sonst immer tat. Er verstand trotzdem – und sagte: »Das macht nichts. Das Wichtigste ist es, sich lieb zu haben.«

Er war alt geworden und versöhnlich. Oder vielleicht hatte er gefürchtet, dass seine geliebte Enkeltochter mit einem Amerikaner zurückkommen würde.

Eine Mauer ist gefallen

Mitten in der Nacht läutete in meinem Motelzimmer das Telefon. Am anderen Ende der Leitung rief jemand in höchster Aufregung: »Die Mauer ist gefallen, die Mauer ist gefallen!« Es war die Stimme des deutschen Mannes. Ich hatte mich für ein paar Tage von ihm getrennt, um ein Team der RAI, des öffentlichen italienischen Fernsehens, durch Virginia zu begleiten. Noch halb im Tiefschlaf, vermutete ich zuerst ein Unglück: Eine Mauer war eingestürzt, aber wo, vielleicht in dem Hotel in Chicago, wo Ulli mit den anderen Kollegen übernachtete – vielleicht hatte es Schwerverletzte gegeben …? Endlich war ich ganz wach und verstand, wovon er sprach. Die Berliner Mauer war gefallen. Natürlich war Ulli keine Sekunde vom Fernseher gewichen, hatte gebannt die Ereignisse verfolgt und gesehen, wie die Menschen auf die Mauer kletterten, einander in die Arme fielen und sich zuprosteten, Menschen aus dem Osten und dem Westen derselben Stadt, jubelnd über diese Bresche in der Geschichte.

Auch der Fernseher meines Großvaters hatte die nächtlichen Bilder der feiernden Menge übertragen. Der alte Antifaschist war gerührt und bemerkte: »Die armen Leute – ist doch nur recht und billig, dass sie wieder zusammenkommen, schließlich sind sie ein Volk!«

Mein Großvater hatte also nichts gegen die Wiedervereinigung Deutschlands einzuwenden. Es war ihm egal, dass die italienischen Oberdenker sofort das Schreckgespenst Großdeutschland heraufbeschworen und sektiererische Bücher publizierten. Eines versuchte ich zu lesen, das weiß ich noch; es verkündete »Die Rückkehr Deutschlands«.

Im Dezember 1989, gut einen Monat nach dem Fall der Mauer, setzte ich zum ersten Mal meinen Fuß auf deutschen Boden. Der Singular ist angebracht, denn den anderen Fuß konnte ich nirgendwohin setzen, den hatte ich mir in Italien zwei Tage vor der Abreise gebrochen. So versäumte ich auch den Mitternachtswalzer zu Silvester, den ich für deutsche Tradition hielt. Mit diesem ersten Auftritt enttäuschte ich Ullis Freunde, weniger wegen meiner Fortbewegung auf drei Beinen, sondern weil sie die langen schwarzen Haare vermissten, die dunklen Augen, die legendäre italienische Eleganz, die Sonnenbrille …

Hingegen hatte Ullis bester Freund, der ebenfalls Ulli hieß, eine bronzefarbene Haut und sehr ausgeprägte Wangenknochen, die einem kalabresischen Fischer gut zu Gesicht gestanden hätten, aber er stammte aus dem höchsten Norden Deutschlands, aus Schleswig-Holstein. Und damit waren die kollektiven Klischeevorstellungen über das Aussehen wieder ausgeglichen.

Auf der Silvesterfeier konnte ich noch kein Wort Deutsch. Zu meiner Überraschung sprach mich ein elfjähriger Junge auf Englisch an. Am Neujahrstag besuchte ich Ullis Mutter, eine Dame um die sechzig, und auch mit ihr unterhielt ich mich auf Englisch. Als ich im Sommer 1990 mit meinem sehr beschränkten deutschen Wortschatz in Deutschland ankam, bemühte ich mich, ihn durch praktischen Gebrauch einzuüben. Zu Hause legte ich mir die nötigen Begriffe für eine Unterhaltung mit dem Schuster zurecht: »Meine Schuhe … ehm … brauchen …« Die zuvorkommende Reaktion des Schusters, »Can I help you?«, nahm mir den Wind aus den Segeln. Irgendwann beschloss ich, vorsorglich meine italienische Nationalität zu verkünden – weshalb sollte ich Englisch sprechen, in Deutschland wird schließlich Deutsch gesprochen. Nur beim Bäcker nutzte mir das Englische gar nichts. So wunderbar das Brot auch war, es zu kaufen wurde bald zum Alptraum. Wie viele Sorten Brot gibt es in diesem Land, aus wie vielen Kombinationen unterschiedlicher Mehlsorten, mit wie vielen verschiedenen Samen und Kernen werden sie hergestellt? Jedes Frühstücksbrötchen hat einen eigenen Namen, und nichts versetzt einen deutschen Bäcker derart in Ungeduld wie die mangelnde Präzision der Kundin, die mit dem Finger auf die Brötchenvielfalt hinter seinem Rücken zeigt: »Das, bitte!« Welches denn, dieses? Oder dieses? Schließlich verlegte ich mich darauf, »gemischte« Brötchen zu verlangen, um Komplikationen zu vermeiden, aber auch die offensichtlich vagen Vorstellungen eines unschlüssigen Kunden missfallen dem deutschen Bäcker: Wie gemischt? Irgendwann begann ich die Weltläufigkeit des Schusters dann doch zu schätzen. Aber nach einer Weile ließ ich mich von der unverkennbaren Ungeduld der nicht Englisch sprechenden Geschäftsleute angesichts einer radebrechenden

Kundin nicht mehr aus der Ruhe bringen. Es ist keine Unhöflichkeit, sondern Unsicherheit: Die Deutschen sind tendenziell Perfektionisten, und ein Gesprächspartner, der ihre Sprache verunstaltet, hat etwas Beunruhigendes. Manche reagieren darauf ein bisschen aggressiv, was aber nur ein Versuch ist, sich gegen das Chaos der Unvollkommenheit, die ihr Harmoniebedürfnis bedroht, zur Wehr zu setzen.

Anfang 1990 verstand ich weder die deutschen Zeitungen noch das Fernsehen, nicht einmal die Menschen, die sonderbare, in den Ohren einer Italienerin ein wenig harsch klingende Laute von sich gaben. Auch mit meinem liebsten Deutschen verständigte ich mich zu der Zeit auf Englisch. Ulli wollte unbedingt mit mir »nach drüben« fahren, mir den anderen Teil Deutschlands zeigen, ehe die Deutsche Demokratische Republik ihren letzten Atemzug tat. Ich hatte gerade erst Bekanntschaft mit der Bundesrepublik gemacht und konnte sein Bedürfnis, offen gestanden, nicht teilen. Aber Ulli hatte wirklich Recht, dass er mir einen Eindruck von der unglaublichen, einmaligen Euphorie über den Mauerfall vermitteln wollte, der ein jahrzehntelang zwangsweise geteiltes Volk wieder zusammengeführt hatte. Die Deutschen aus dem Osten und die aus dem Westen sprachen dieselbe Sprache, sie waren Geschwister, aber Geschwister, die einander nicht kannten.

Die deutsch-deutsche Grenze gab es noch, es wurden noch Grenzkontrollen vorgenommen. Die »Wessis« waren von dem Zwangsumtausch in Höhe von sechzig Mark befreit, für die anderen Ausländer galt Spendepflicht nach wie vor. In der Nähe von Lübeck gab es einen neuen Grenzübergang nur für Fußgänger, der angelegt worden war, um den spontanen Grenzverkehr zwischen den physisch noch immer durch Mauern und Zäune getrennten Landesteilen zu bewältigen. Hier waren die Kontrollen weniger streng, und ich durfte trotz meines italienischen Passes ohne Abgabe auf die andere Seite.

Die Zeiten hatten sich tatsächlich geändert. Viele Jahre lang war die Einreise in die DDR für Italiener leichter gewesen als für Westdeutsche. Anfang der sechziger Jahre unternahmen italienische Arbeiter bei Volkswagen in Wolfsburg, die ständig auf der Suche nach Frauen waren, regelmäßige Ausflüge »nach drüben«, nach Magdeburg. Sie füllten ihre Koffer mit Nylonstrümpfen (und Rasierklingen für die Ehemänner!) und machten sich auf nach Osten. An der Grenze sagten sie: »Wir sind italienische Genossen!«, und die Grenzposten behandelten sie zuvorkommend – wahrscheinlich von Rasierklingen »Made in Germany« milde gestimmt.

In diesem Januar 1990 hatte es geschneit, es war bitterkalt, und trotzdem zog in beiden Richtungen ein endloser Menschenstrom auf dem vereisten Weg über die Grenze. Es war fast eine biblische Vision. Im Osten gab es nichts als spärliche Vegetation. Hier war der »Todesstreifen« gewesen, und jetzt herrschte auf einmal so viel Leben. Mühsam bewegte ich mich auf meinen Krücken vorwärts. Von den Leuten, die mir begegneten oder mit mir gingen, sprachen mich etliche an, ich verstand nicht, was sie sagten, aber der Tonfall war freundlich und besorgt – vielleicht fürchteten sie, ich könnte ausgleiten. Alle hatten ein gutes Wort für die Brüder und Schwestern aus der entgegengesetzten Richtung, die sie noch nie gesehen hatten. Sie lächelten einander zu, grüßten sich, und hätte sie die typisch nordische Zurückhaltung nicht gebremst, wären sie sich wohl in die Arme gefallen und hätten sich an den Händen gehalten, um einander zu versichern, dass sie sich nie wieder trennen lassen würden.

Ich wurde müde, und Ulli nahm mich auf den Rücken. Wir entdeckten bald, dass Herrnburg, die erste Ortschaft, mehr als einen Kilometer von der Grenze entfernt lag, und es war klar, dass wir auf diese Weise nicht weit kämen. Also versuchten wir es per Anhalter. Ein junger Mann in einem Trabi ließ uns einsteigen. Es war ein Schäfer, und er nahm uns mit zu sich nach Hause. Seine Frau und seine Mutter deckten den Tisch mit feinem Porzellan auf einem Spitzentischtuch, wir tranken zusammen Kaffee und aßen die selbst gemachten Weihnachtskekse. Es begann ein stundenlanges Gespräch darüber, wie das Leben im Osten und wie es im Westen gewesen war. Den Gesprächsfaden kann ich nicht rekonstruieren, denn in der englischen Übersetzung verhedderte er sich im Verlauf des Nachmittags immer mehr. Ich erinnere mich aber an die Atmosphäre intensiver Verbrüderung, als könnte jede Begegnung binnen weniger Wochen für Beziehungen entschädigen, die verloren gegangen waren, weil sich langjährige Freunde, Verwandte, Liebende an dem Tag, als sämtliche Brücken gesprengt wurden, zufällig alle an den gegenüberliegenden Ufern desselben Flusses befunden hatten.

Unsere beiden jungen Gastgeber hatten ihr kurzes Leben in einem Landstrich verbracht, der nach dem Krieg Grenzland geworden war, wo selbst ein Besuch aus der DDR Sondergenehmigungen und eine lange Vorausplanung erforderte. Auf einmal waren ihnen ein Westdeutscher und eine Italienerin ins Haus geschneit, die sich auf Englisch miteinander verständigten: Unerwartet kam ein Stück von der Welt zu ihnen zu Besuch. Der Schäfer und seine Frau sagten, sie wollten nach Italien reisen, sobald sie es sich leisten könnten. Unter den vielen Schikanen des Regimes war das Verbot von Auslandsreisen, außer in die Länder des Ostblocks, als besonders schlimm empfunden worden, und Italien galt als das Land der größten Sehnsucht. Und ich dachte – weil ich nichts verstand und daher meiner Fantasie freien Lauf lassen konnte –, dass die friedliche Revolution, die im November 1989 zum Mauerfall geführt hatte, zu einem kleinen Teil vielleicht auch das Verdienst von Italien war …

»Besser ein Franzose im Krieg als ein Deutscher im Frieden«, pflegte eine meiner piemontesischen Ahninnen zu sagen. Meiner Mutter, die gelegentlich die weisen Worte ihrer Urgroßmutter zitierte, rutschten bisweilen auch selbst geprägte Sentenzen heraus, die wie Warnungen aus berufenem Munde klangen: »Sie sind anders als wir: kälter.«

»Sie« – das waren die Männer aus dem Norden.

Ich hatte gute Gründe, ratlos zu sein und in den Worten meiner Mutter die Extreme des Vorurteils zu erkennen: In so vielen Jahren Ehe hatte ich ausschließlich zu Weihnachten und an Geburtstagen erlebt, dass sie und mein süditalienischer Vater sich küssten.

Meine italienische Familie lernte Ulli Anfang 1990 kennen. Zur Feier seiner Ankunft in Italien und zugleich meines Geburtstags kochte meine Mutter ein Festessen. Wir deckten den Tisch in der guten Stube, die wir nur zu besonderen Anlässen benutzten. Dort hatte die Schaumgummipolsterung des roten Sofas und der Sessel im Laufe der Jahre ungestört vor sich hin bröseln können, ohne dass jemand den Verfall beschleunigte, indem er sich darauf setzte.

Ulli kam mit einem Blumenstrauß für meine Mutter. Sie bedankte sich mit einem strahlenden Lächeln, denn Blumen sind bei uns zu Hause eine Seltenheit. Meine Mutter sagt, mein Vater sei nie wieder auf die Idee gekommen, ihr Blumen zu schenken, seitdem sie seinen Heiratsantrag angenommen habe. Mein Vater ist seit jeher ein umsichtiger Verwalter und hält nichts von unnötigen Ausgaben.

Während meine Schwester am Tisch versuchte, sich mit dem deutschen Gast in ihrem Schulenglisch zu unterhalten, das sie zum ersten Mal seit dem Abitur fünfzehn Jahre zuvor wieder ausgrub, half ich meiner Mutter in der Küche, die verschiedenen Gerichte so ansehnlich wie möglich herzurichten. Auf einmal merkte ich, dass sie in Gedanken anderswo war, weit fort von den Küchengerüchen. »Weißt du, was mir gerade durch den Kopf gegangen ist?«, fragte sie, als sie zwischen Pastetendüften wieder auftauchte. »Dass vor genau fünfundvierzig Jahren, am 29. Januar wie heute, die Deutschen gekommen sind, um deine Großmutter zu holen.«

Das fängt ja gut an, dachte ich, während ich mich bemühte, eine große Vorspeisenplatte nicht fallen zu lassen. Aber es war nur eine kurze Störung. Schließlich hatten die Deutschen meine Großmutter nach ein paar Wochen wieder freigelassen, und ich würde auch nicht mit einem Gefangenentransport nach Deutschland fahren, sondern freiwillig, aus Liebe zu einem Deutschen, der wie ich lange nach dem Krieg geboren war.

Die erste Begegnung zwischen Ulli und meiner Mutter beschränkte sich auf Gesten und Blicke. »Wie sollen wir uns denn je verständigen?«, fragte sie sich, und ihre Miene verfinsterte sich wieder. Außer Italienisch spricht meine Mutter nur den Turiner Dialekt und ein bisschen Französisch. Die erste echte Fremdsprache hatte mein Vater ins Haus gebracht: den kalabresischen Dialekt, der meiner Mutter noch heute ein Rätsel ist. Sie hätte sehr gern mit diesem baumlangen, nordisch aussehenden jungen Mann geredet, und die Distanz aufgrund mangelnder Kommunikation bereitete ihr weiteres Kopfzerbrechen.

Mein Großvater nahm die Sache philosophischer. An Verständnisschwierigkeiten hatte er sich seit langem gewöhnt: Er war so schwerhörig geworden, dass kaum noch jemand versuchte, ein Gespräch mit ihm anzufangen. Hingegen wurde ihm ausnahmsweise, zu Ehren des ausländischen Gastes, ein Gläschen Grappa zugestanden, und das versetzte ihn in so blendende Stimmung, dass ihm das erste Treffen mit seinem neuen »Enkel« auch noch ein zweites Anstoßen wert war.

Vor seiner nächsten Italienreise hatte Ulli in Hamburg einen Italienisch-Intensivkurs besucht. Die Verwandten und italienischen Freunde konnten es nicht fassen. Kaum vier Monate waren vergangen, und Ulli sprach Italienisch! Vor allem die Mamma war außer sich vor Freude. »Wer hätte das gedacht …«, wiederholte sie, wann immer sich die Gelegenheit ergab, das Phänomen zu kommentieren.

Meine italienischen Freunde, die sich in der Schule jahrelang vergeblich damit geplagt hatten, Englisch zu lernen, nahmen Ullis sprachliche Fortschritte mit einer Mischung aus Respekt und Resignation zur Kenntnis. Sie galten als Bestätigung der allgemeinen Ansicht, dass sich die jeweiligen geistigen Fähigkeiten der Deutschen und der Italiener grundlegend unterscheiden, was ein für alle Mal den Erfolg und die Stabilität der damaligen Währung, der D-Mark, erklärte.

Die mangelnde Begabung der Italiener für Fremdsprachen wird auch im Ausland nicht besser, nicht einmal bei den Mitarbeitern und Angestellten im diplomatischen Dienst. Nie werde ich die Szene vergessen, die ich vor der Portiersloge des italienischen Konsulats in Hamburg erlebte. Ein junger Mann kam herein und fragte die Dame hinter Glas: »Where is, please, the Irish embassy?« Die Empfangsdame antwortete prompt in ihrer Muttersprache: »Mi spiace, non parlo tedesco« – Tut mir Leid, ich kann kein Deutsch. Der einzige Trost ist, dass die Dame an der Rezeption im Unterschied zu Konsuln und Kulturinstitutsleitern keine Reden halten muss.

Ulli hingegen kam für vier Wochen nach Turin, fest entschlossen, sein Italienisch zu perfektionieren. So belegte er auch hier einen Sprachkurs. Er hatte sein Fahrrad mitgebracht. Am ersten Morgen erschien er entsprechend der für ihn sommerlichen Temperatur gekleidet, die langen weißen Beine in Bermudashorts, die Füße in Socken und Sandalen Größe 48 – den berühmten deutschen Sandalen:

einmalig bequem und unschlagbar hässlich. »In Turin läuft kein männliches Wesen im Mai mit Sandalen und kurzen Hosen herum. In dem Aufzug werden dich alle sofort als Deutschen erkennen«, sagte ich halb im Ernst. Ulli ließ sich von dieser ersten kulturellen Kollision nicht aus der Fassung bringen, machte kehrt und kam in langen Hosen und geschlossenen Schuhen wieder. Mir fiel auf, dass die Socken, die zuerst unverständlicherweise die Sandalen begleitet hatten, nun verschwunden waren – sockenlos steckten die Füße in den Schuhen. Ich verkniff mir einen Kommentar. Der Kampf um gegenseitige Toleranz hatte begonnen.

Im Laufe meiner Jahre in Deutschland musste ich mich noch oft über viele kleine Gepflogenheiten wundern, die mir fremd waren: über die Gewohnheit, das Geschirr abzutrocknen, ohne zuvor die Seifenlauge abzuspülen; über das in manchen – privaten – Toiletten aufgehängte Schild, das die Männer auffordert, im Sitzen zu pinkeln; über die Schaffelle als Polster für Schaukelstühle oder Staub fangende Unterlage für Neugeborene; über die Sitte, dass im Restaurant jeder für sich zahlt, nachdem der jeweilige Verzehr präzise aufgelistet wurde; über das Fehlen von Bidets in den Badezimmern und die stattdessen verwendeten Waschlappen; über die Pflicht, an der Fußgängerampel das grüne Licht abzuwarten, um den Kindern ein Vorbild zu sein, während die Kinder, vor allem die ausländischen, ihrerseits nur auf Grün warten, wenn ein Erwachsener in Sicht ist; über die Pflicht, auch um zwei Uhr nachts auf Grün zu warten, wenn die Kinder, jedenfalls die deutschen, schon seit sechs Stunden im Bett liegen …

Die italienischen Gewohnheiten schienen Ulli nicht zu stören. Was ihm an Turin, einer zu Unrecht vom Tourismus vernachlässigten Stadt, auf Anhieb gefiel, waren die Cafés oder einfachen Bars. Er lernte sehr rasch, wann welche Bestellung empfehlenswert war, wenn man sich nicht sofort als Fremder zu erkennen geben wollte. In der Bar nahe der Schule, die er jeden Tag in der Unterrichtspause aufsuchte, um das neu erworbene Italienisch auszuprobieren, war er bereits ein geschätzter Stammgast. Beliebt war er vor allem seit dem Tag, an dem er *pomodoro* und *pomeriggio* verwechselt und zur allgemeinen Erheiterung ein »Panino mit Mozzarella und Nachmittag« bestellt hatte.

Dabei unterliefen ihm sonst wenig Fehler, und er lernte sehr gewissenhaft. Innerhalb kürzester Zeit wusste er, dass es das beste Eis in der ganzen Innenstadt bei »Fiorio« in der Via Po gab und den Aperitiv mit den üppigsten Appetithäppchen im »Caffè Torino« an der Piazza San Carlo. Einen trinkbaren Cappuccino bekam man auch in der Turiner Schachgesellschaft, der vielleicht weltweit einzigen, die über eine eigene Bar verfügt und auch an Heiligabend bis tief in die Nacht geöffnet ist, wie der Schachspieler Ulli zu seiner großen Begeisterung feststellte.

Nach und nach wurde Ulli mit meiner Mutter vertraut. Jahre später kam sie nach Hamburg, und wir holten sie vom Flughafen ab, wo sie intensiver Rosenduft empfing: Ullis Blumensträuße verfehlten nie ihre Wirkung.

Als wir im Aufzug zu unserer Wohnung hinauffuhren, legte er ihr von hinten seine langen Arme um die Schultern und beugte sich zu ihr hinunter, um ihr einen Kuss zu geben. »La mia mamma italiana«, sagte der Nordländer und drückte sie zärtlich. Und sie musste an sich halten, um nicht dahinzuschmelzen und im Boden zu versinken.

SS in der Familie

Ehe ich nach Deutschland zog, hatte mir mein deutscher Freund Fotos von Familienangehörigen geschickt: von seinem jüngeren Bruder und seinem Vater. Michael war mit einer Lavazza-Kaffeedose neben der heimischen Espressomaschine verewigt, mit der sich Deutsche gern einen Cappuccino machen und sich vorstellen, sie ahmten damit eine typisch italienische Gewohnheit nach. Auf einem anderen Foto hielt Michael eine italienische Flagge zwischen den Zähnen wie ein Tangotänzer die Rose. Es war ihre Art, der neuen italienischen Freundin zu huldigen.

Der Vater war in seiner ganzen Länge von stattlichen zwei Metern neben Ulli abgelichtet, der darunter geschrieben hatte: »The good looking man is my father.« Tatsächlich waren die beiden jungen Männer in punkto Aussehen für den Vater keine Konkurrenz.

Ulli hatte keine Hemmungen, mir bei der ersten Gelegenheit zu eröffnen, dass sein Vater als junger Mann bei der Waffen-SS gewesen war. Das teilte er mir ohne irgendeine Gemütsbewegung mit, im selben Tonfall, mit dem er mich hatte wissen lassen, dass sein Erzeuger Maschinen für die Lebensmittelkonservierung herstellte und seinem Sohn die Liebe zum Schach und zur Nordsee beigebracht hatte.

Ich konnte nicht umhin, an die Erzählungen meines Großvaters über den Krieg, eigentlich über »die Deutschen« im Allgemeinen zu denken. Die SS in Begleitung der Gestapo tauchte nur bei außergewöhnlichen Anlässen auf. Ich hatte sie immer mit den Leichen der jungen Partisanen in Verbindung gebracht. Meine Mutter hatte mir erzählt, dass die SS-Männer Neugeborene in die Luft warfen und als Schießscheiben verwendeten. Sie selbst hatte allerdings nichts dergleichen beobachtet, geschweige denn in Büchern gelesen. Meine Mutter liest keine Bücher. Jedenfalls zog eine Reihe grauenhafter Bilder vor meinem geistigen Auge vorüber, als ich hörte, dass mein künftiger Schwiegervater, der gut aussehende lächelnde Mann auf dem Foto, bei der SS gewesen war.

Ulli hatte die italienisch-deutschen Beziehungen während des Krieges nicht realisiert. Er wusste nicht, dass es eine Zeit gegeben hatte, in der unsere beiden Länder Feinde gewesen waren. Es hatte für ihn nie einen Anlass gegeben, sich mit der Widerstandsbewegung und den Massakern der Deutschen unter der italienischen Zivilbevölkerung zu befassen. Offensichtlich hat unsere Generation in italienischen wie in deutschen Schulen die Zeitgeschichte nur lückenhaft gelernt, und in seiner Familie war über diese Vergangenheit ein schwerer Deckel gelegt worden.

Mein liebstes Geschichtsbuch war mein Großvater gewesen. Er hatte mir als Erster beigebracht, was der Befreiungskampf gewesen war, und mir von den vielen jungen Menschen erzählt, die ihr Leben gelassen hatten, um den Faschismus zu besiegen. Er hatte mich zu einem meiner ersten Kinobesuche mitgenommen. Wir sahen »Sacco e Vanzetti«, den Film von Giuliano Montaldo aus dem Jahr 1971; es ist die Geschichte der beiden in die Vereinigten Staaten ausgewanderten italienischen Anarchisten, die zu Unrecht eines Raubüberfalls bezichtigt und 1927 auf dem elektrischen Stuhl hingerichtet wurden. Weil darin keine Liebesszenen vorkamen, ließ mich die Kassiererin ohne weiteres hinein, obwohl ich gerade erst neun war. Als sich die zwei Anarchisten nacheinander auf den elektrischen Stuhl setzten, fragte ich meinen Großvater leise: »Was machen sie mit ihnen?« – »Sie bringen sie um!«, antwortete er. »Und wieso?« Auf die das Urteil vollstreckenden Amerikaner bezogen, sagte er: »Weil das Faschisten sind!«

1973 war der Militärputsch in Chile. In diesem schrecklichen September erklärte mein Großvater mit bleicher

Miene seiner elfjährigen Enkelin, dass die CIA, der amerikanische Geheimdienst, die Regierung Salvador Allendes, des demokratisch gewählten chilenischen Präsidenten, mit Gewalt gestürzt habe. Sehr viele Chilenen seien daraufhin nach Italien geflohen, unzählige weitere seien verschwunden, *desaparecidos*, vom Regime umgebracht. Und wieder nannte mein Großvater die Amerikaner Faschisten. Mit dem Begriff Faschismus verknüpfte ich Mord, Gewalt, Unrecht. Das hatte ich von meinem Großvater gelernt, der sonst nicht in ideologischen Kriterien dachte. Er war ein einfacher Mensch, der mit zwölf Jahren zu arbeiten begonnen hatte, um als ältester Sohn seine Mutter zu unterstützen, die während ihrer dritten Schwangerschaft Witwe geworden war. Erst später konnte er Abendkurse besuchen, um Maschinenschlosser zu werden. Wenn er abends von der Werkstatt heimkam, setzte er sich hin und las als Erstes seine drei Zeitungen, »La Stampa«, »Realtà Sovietica« und »Il Calendario del Popolo«, die er dann an mich weitergab. Den »Volkskalender« nahm ich gern, aber die »Sowjetische Realität« fand ich ungenießbar.

Gleich nach dem Krieg trat mein Großvater aus der Kommunistischen Partei wieder aus, weil ihm gewisse Personen aus seiner Sektion, die sich mit dem Faschismus allzu gut arrangiert hatten, missfielen. Dem damaligen Justizminister Palmiro Togliatti konnte er die Kompromissbereitschaft nicht verzeihen. »Togliatti hat drei Fehler gemacht«, sagte er immer wieder, »er hat die Amnestie erlassen, er hat das Konkordat, den Vertrag zwischen Staat und katholischer Kirche, wiederhergestellt – und er ist aus der Regierung der Unità Nazionale ausgeschieden.« Die Nachgiebigkeit hatte ihm schließlich nicht geholfen, an der Macht zu bleiben. 1947 war der Regierungschef der Unità Nazionale, der Christdemokrat Alcide De Gasperi, nach Amerika gereist, um sich Anweisungen zu holen, und nach seiner Rückkehr entließ er die Kommunisten aus seiner Regierung – von denen viele krepiert waren, um dem Land die Demokratie zu bringen. Geschichte machen die Selbstlosen, sagte mein Großvater, und ich war stolz auf ihn, der sein Leben riskiert hatte, um eine schreckliche Diktatur zu beseitigen. Er glaubte an erhabene Ideale, an Werte, die – in den Worten eines anderen alten Partisanen – das Salz der Erde sind, auch wenn das Salz sich beim ersten Regen auflöst. Mein Großvater hatte seine Kinder nicht in die Balilla-Jugend geschickt, als alle es taten, er hatte stets den eigenen Kopf benutzt und immer auf der Seite der Gerechtigkeit gestanden.

Für mich war er eine Art Held, und von Heldentaten berichtet jeder gern. Ich hätte ihm tagelang zuhören können, auch wenn seine Erinnerung gegen Ende nachließ und er immer wieder dieselben Geschichten zum Besten gab, bis er irgendwann den Faden verlor und ich eingreifen musste, um ihm zu sagen, wie es weiterging. Woraufhin er mich überrascht fragte: »Hab ich dir das schon erzählt?«

Als er auf die neunzig zuging, fiel es ihm schwer, die politischen Ereignisse zu verfolgen, und wenn eine Wahl anstand, begleitete ich ihn ins Wahllokal. Er hatte einen Zettel dabei, auf dem er sich von mir hatte aufschreiben lassen, was er wählen musste: Hauptsache links der KPI. Und zu Hause zankten wir uns und stritten über feministische Themen, das heißt über die Suppe, die ich für ihn und meine kranke Großmutter gekocht hatte: Sie war ihm zu wenig gesalzen, und er hatte es gewagt, sich zu beklagen.

In Ullis Elternhaus wurde wenig über Politik und nicht über die Vergangenheit gesprochen. Weil sie Kinder waren, begriffen die Söhne nicht, warum es ihnen ihr Vater verbot, mit Waffen zu spielen, aber sie hielten sich daran und brachten die Gewehre, die sie im Wald aus Ästen gebastelt hatten, nicht mit nach Hause. Alle Fotografien waren sorgfältig in Alben eingeklebt. Die Fotoalben aus

Kriegszeiten beherrschten gestiefelte Soldaten in Uniform. Sie standen im untersten Regal und verstaubten.

Unmittelbar nach dem Krieg waren die deutschen Städte Trümmerfelder, mehr als die Hälfte der Häuser war zerstört, Lebensmittel konnte man sich nur auf dem Land und nur um den Preis harter Arbeit beschaffen. Es kamen Flüchtlingsströme aus dem Osten. Jede Familie kämpfte ums blanke Überleben und das Land insgesamt um den Wiederaufbau.

In Ullis Familie gab es eine Tante Gertrud, die allein mit drei kleinen Mädchen dastand: Ihr Mann war verschollen, die Mühle verbrannt, das Haus eine Ruine. Die Fabrik meines Schwiegervaters stand noch, wenn sie auch beschädigt war, und stellte sich auf Friedenswirtschaft um. Niemand hatte Zeit, sich mit dem Elend auseinander zu setzen, das der Krieg in anderen Ländern verursacht hatte. Im Rahmen ihres gemeinsamen Programms zur Umerziehung der Deutschen zu den demokratischen Grundwerten zeigten die Alliierten zur Mahnung und Erinnerung auf Plakatwänden die schrecklichen Bilder aus den Vernichtungslagern. Doch nach kurzer Zeit verschwanden die Plakate wieder. Der Westen musste gegen den sozialistischen Block gemeinsame Front machen, und die Trennungslinie zwischen West und Ost, die später mit der Mauer befestigt und bestätigt wurde, verlief quer durch Deutschland. Die einstigen Kriegsgegner wurden nachsichtig und überließen das moralische Urteil über die Kriegsverbrechen den Nachkommen und dem Gewissen der Deutschen.

Fünf Millionen Deutsche kamen während des Krieges ums Leben: Soldaten an den verschiedenen Fronten und Zivilisten, die im Feuersturm starben oder unter den Trümmern der zerbombten Häuser begraben wurden. Viele Menschen hatten nicht einmal ein Grab, an dem sie um ihre Liebsten weinen konnten. Aber die gesamte deutsche Nation musste ihre Tränen unterdrücken. Soldaten und Zivilisten waren für die falsche Sache gestorben – für ein kriminelles Regime, das einen in der Geschichte einmaligen Vernichtungskrieg angezettelt und den Tod von mehr als 66 Millionen Menschen verursacht hatte. Unmöglich, eine derart makabre Bilanz aufzustellen.

In Deutschland konnten die Überlebenden nur schweigend trauern und mussten sich ihrer Trauer fast schämen. In der Nachkriegszeit musste sich jeder Sohn, jede Tochter, später auch jeder Enkel und jede Enkelin fragen, welchen Anteil ihre Väter und Großväter an dem düstersten Kapitel der Geschichte ihres Landes gehabt hatten. Die meisten erhielten nie eine Antwort. Die alten Generationen waren verstummt.

Die Alten der anderen

Nach dem Tod meiner Großmutter war es an meiner Mutter, sich um ihren Vater zu kümmern. Eine Ausnahme bildeten die Sommermonate, in denen meine Eltern, die in Süditalien einen Campingplatz betrieben, nicht bei ihm in Turin bleiben konnten.

In den ersten Jahren kam auch mein Großvater mit nach Kalabrien. Um ihm die strapaziöse Zugfahrt zu ersparen, bat mich meine Mutter, ihren neunundachtzigjährigen Vater im Flugzeug zu begleiten; durch ihn kam ich, schon volljährig, zu meinem ersten Flug, von Turin nach Bari. Ich war ziemlich aufgeregt. Meine Mutter hatte mir eingeschärft, nur ja die Herztropfen für ihn nicht zu ver-

gessen. Im Flugzeug setzte sich mein Großvater nach hinten in die Raucherzone, zündete sich eine Zigarette an und unterhielt das weibliche Bordpersonal mit Lebensweisheiten. Die Stewardessen amüsierten sich köstlich. Während ich vorn meinen rebellierenden Magen zu beschwichtigen versuchte, hörte ich ihn hinten erzählen: »… zu meiner Zeit hat man mit den Füßen getanzt! Während ihr jungen Leute mit dem Hintern tanzt …« Er unterbrach sich nur, um an seiner Zigarette zu ziehen und den Rauch sehr zufrieden bis in den Nichtraucherbereich zu blasen. »Keine Sorge«, rief er mir aus der Ferne zu, »ich inhaliere sowieso nicht.«

Als wir uns anschickten, den Flughafen zu verlassen, vertraute ich ihm meine Gitarre an, während ich mir den Rucksack auflud und in jeder Hand ein Gepäckstück von ihm trug. Er marschierte mit der Gitarre voraus, ich trottete bepackt wie ein Maultier hinterher – wir hätten Statisten in einem Zigeunerfilm sein können.

Um uns bis zur Abfahrt des Zuges nach Kalabrien die Zeit zu vertreiben, aßen wir in einem Restaurant in der Nähe des Bahnhofs von Bari zu Mittag. Beim Dessert angelangt, hatte mein Großvater eine Flasche weißen Hauswein geleert und war in bester Laune. Zum Kellner, der die Rechnung brachte, sagte er: »Sehen Sie sich dieses hübsche Mädchen an! Sie werden sie vielleicht für meine junge Geliebte halten, aber ich muss Sie leider enttäuschen – das ist meine Enkelin.«

Als ihm die weiten Reisen irgendwann zu viel wurden, brachten wir ihn den Sommer über in einem Altenheim in den piemontesischen Hügeln unter. Ich begleitete ihn und verbrachte die erste Nacht bei ihm im Zimmer, um ihm die Eingewöhnung in der neuen Umgebung zu erleichtern. Es fiel mir schwer, ihn allein an dem fremden Ort zurückzulassen. Auch als meine Großmutter gestorben war, hatte ich ihn nicht allein lassen wollen. Damals wohnte ich noch bei meinen Eltern, im selben Haus wie er, aber einen Stock höher, und in der ersten Zeit übernachtete ich bei ihm in dem Bett, in dem meine Großmutter gestorben war. Ich hatte sie die Augen schließen sehen, nachdem ich ihr kurz zuvor noch die Lippen befeuchtet hatte, damit sie keinen Durst leiden musste. Wir waren bei ihr, als sie starb, und sie ging so still von uns, wie sie gelebt hatte, ohne sich gegen den Tod zu wehren. Sie war so müde, dass sie für immer schlafen musste.

Ehe ich meinen Großvater im Heim zurückließ, stickte ich ihm noch seine Initialen in die Wäsche, während er mit seiner außergewöhnlichen Vitalität auch hier schon wieder angefangen hatte, die Jungs und Mädels des Hauses zu unterhalten. Allerdings störte ihn an diesem Heim, dass die Leute immer nur über Krankheiten, Tabletten und Zäpfchen redeten. »Altengeschwätz.«

Als ich nach Hamburg zog, war er endgültig am Altsein erkrankt, und meine Mutter brauchte Hilfe, um ihn zu versorgen. Die ersten Pflegerinnen und Krankenschwestern, die als Betreuung für die Nacht eingestellt wurden, ergriffen nach kürzester Zeit die Flucht, weil mein Großvater sie aufforderte, seine sexuellen Bedürfnisse zu befriedigen, die dreiundneunzig Lebensjahre offenbar noch immer nicht hatten beeinträchtigen können. Als er sich schließlich beruhigt zu haben schien, jedenfalls auf diesem Gebiet, kümmerte sich Carmen um ihn, eine junge Peruanerin, die ihre kleine Tochter zu Hause unter der Fürsorge ihrer Mutter zurückgelassen hatte, um im reichen Anderswo die Alten der anderen zu betreuen.

Als Ausländerin in Hamburg, aber immerhin privilegierte EU-Ausländerin, wurde auch ich eine Zeit lang Altenpflegerin in einem Heim. Was kann eine Ausländerin sonst tun, wenn sie die Sprache des Gastlandes nicht beherrscht, wen kümmert es, ob sie studiert oder praktische

Berufserfahrung hat? In den Stellenanzeigen fand ich eine Antwort: Ein Altenheim suchte Personal zur Betreuung seiner Bewohner.

Nach den Erfahrungen mit meinem Großvater waren die noch immer vorhandenen sexuellen Regungen der männlichen Heimbewohner für mich keine Überraschung. Noch ziemlich rüstige Männer wollten unter der Dusche von mir eingeseift werden. »Das schaffen Sie schon allein«, sagte ich zu einem dieser Simulanten und reichte ihm statt des Duschgels das Fläschchen Massageöl: eine unbewusste Rache, denn nicht immer gelang es mir, das Etikett zu entziffern. Und der Ärmste war dann so damit beschäftigt, sich das Fett wieder abzuspülen, dass ihm alle Gelüste vergingen.

Das Leben ist eigenartig. Meinen Großvater hatte ich Carmens Obhut anvertraut, und in Deutschland kümmerte ich mich um die alten Deutschen. Ich fühlte mich elend, weil ich meinen Großvater im Stich gelassen hatte und so weit fortgezogen war. Regelmäßig träumte ich, dass ich nach Turin zurückkehrte und ihn zu besuchen vergaß. Mit dem Dienst im Seniorenheim trug ich einen Teil meiner Schuldgefühle ab.

Es war eine harte Arbeit. Um fünf Uhr morgens begannen meine Kolleginnen und ich die Alten aufzuwecken, halfen ihnen, sich zu waschen und anzuziehen, wechselten nasse und volle Windeln. Vier Stunden mussten die unfreiwilligen Frühaufsteher im Flur abgestellt warten, bis wir um neun Uhr mit der Frühstücksausgabe anfingen. Es waren etliche Diabetiker darunter, die eine besondere Diät bekamen, so dass auf jedem Teller der Name des Empfängers stand. »Wie eißen Sie?«, fragte ich die mir unbekannten Alten mit dem typischen Aussprachefehler der Italienerin, die das »H« zu sagen vergisst, und sie meinten oft, ich hätte nach ihrem Alter gefragt, so dass sie statt »Wüllenweber« oder »Grün« »Dreiundachtzig« oder

»Neunundachtzig« antworteten, was die Sache nicht einfacher und den Kaffee in der Tasse nicht wärmer machte.

Meinen Kolleginnen fiel die Verständigung mit den häufig schwerhörigen Heimbewohnern kaum leichter als mir, denn auch sie sprachen schlecht Deutsch. Es waren Jugoslawinnen, Türkinnen, Filipinas, Polinnen – fast das gesamte Personal bestand aus Ausländerinnen, wie in den meisten Heimen und Krankenhäusern, in denen kein Deutscher mehr die schwere, schmutzige, schlecht bezahlte Arbeit machen wollte.

Das war Anfang der neunziger Jahre, und Deutschland wurde von einer Welle der Fremdenfeindlichkeit überrollt. Nicht nur die Anschläge gegen Ausländer wie in Rostock, Mölln oder Solingen riefen Entsetzen hervor und bewogen viele Bürger, auf die Straße zu gehen und mit Lichterketten ihre Solidarität mit den Opfern zu bekunden. Große Empörung herrschte auch, als eine interne Weisung der Unionsparteien an ihre Ortsverbände bekannt wurde, im Wahlkampf auf die »Überfremdung« und vor allem auf das »Asylantenproblem« zu setzen.

Wer betreute die deutschen Alten und hielt sie sauber? Nur sie hätten ein gutes Wort für die Nichtdeutschen einlegen und diese Flutwelle irrationaler Fremdenangst, die außer Kontrolle zu geraten drohte, eindämmen können. Aber wer hört schon auf verwirrte Greise?

Als ich mich bei der deutschen Heimleiterin vorstellte, konnte ich als Referenz für meine altenpflegerische Erfahrung nur die paar Monate angeben, die ich mich um meine Großmutter gekümmert hatte. Dass ich von Beruf Journalistin war, verschwieg ich natürlich. Mit Sicherheit hatten auch meine Kolleginnen, ehe sie hier eingestellt worden waren, noch nie einen Katheter zu Gesicht bekommen.

Eines Tages half ich einer alten Frau, die nicht mehr sehr

gelenkig, geistig aber, wie die meisten Heiminsassinnen, noch sehr rege war, beim Ankleiden. Sie kannte mich noch nicht, und durch meinen ihr fremden Akzent neugierig geworden, fragte sie, woher ich käme. »Italienerin?!«, rief sie verblüfft aus, dann schwieg sie nachdenklich – vielleicht zählte sie im Geiste, die verschiedenen Nationalitäten derer auf, die schon in ihrem Zimmer »Guten Tag« gesagt hatten. »Italienerinnen haben wir noch nicht gehabt«, sagte sie, und nach einer kurzen Pause fügte sie hinzu: »Aber auch die Deutschen sind gute Leute.«

Nudisten

Die Aussicht, Ullis Vater zu begegnen, machte mir Angst. Ich leugne nicht, dass ich ihn mir als eine Art Monster vorstellte.

Das erste Mal traf ich ihn am Flughafen, wo wir ihn von einer Geschäftsreise abholten. Im Auto erklärte er mir eine geschlagene Stunde lang bis ins kleinste Detail, wie seine Maschinen für die Lebensmittelkonservierung funktionierten. Noch dazu auf Englisch!

Zu Hause war er sehr freundlich zu mir; überhaupt lobte er die italienischen Frauen und ließ einige galante Bemerkungen über die Italienerinnen fallen, die er während des Krieges in Italien kennen gelernt hatte. Es war eines der sehr wenigen Male in vielen Jahren, dass er von seiner Kriegsvergangenheit sprach. Offensichtlich hatte die Begegnung mit mir die Erinnerung an seine frühe Jugend und seine ersten Erfolge bei den Frauen wachgerufen.

Ich musste daran denken, was meine Mutter mir über die »bastarde« erzählt hatte, wie man die Frauen nannte, die sich mit den Nazis eingelassen hatten. Nach der Befreiung wurden ihnen zur Strafe die Haare geschoren, und sie mussten vor allen Leuten Spießruten laufen. Und ich dachte an »Die Mutter des Hundes« von Pavlos Matesis, dem vielleicht größten lebenden Schriftsteller Griechenlands. Die Heldin seines Romans war während der Besetzung des Landes durch die Nazis und Faschisten mit einem italienischen Offizier zusammen, um ihre drei Kinder satt zu bekommen, und nach dem Krieg wurden Frauen wie sie an den Pranger gestellt, wurden geschoren und auf Lastwagen durch die Stadt gefahren, während die Leute sie beschimpften, bespuckten, mit Exkrementen bewarfen.

Ullis Vater ist ein überschwänglicher, herzlicher, selbstbezogener Mensch, der immer versucht, dem Leben so viel Genuss wie möglich abzugewinnen, und stets zur Übertreibung neigt. Hätte er in der Renaissance gelebt, wäre er ein Fürst mit pompösem Hofstaat gewesen, hätte märchenhafte Bankette gegeben und sich die schönsten Kurtisanen erwählt.

Eine der Fragen meiner Eltern an Ulli, die ich am meisten gefürchtet hatte, lautete: Hast du Geschwister? Ullis Vater hatte fünf Kinder von drei verschiedenen Frauen. Die dritte Ehefrau war jünger als der erste Sohn. Und seinen Lebensabend teilte er jetzt mit der vierten. Im fortgeschrittenen Alter war er zu der Erkenntnis gelangt, dass man mit den Frauen nur die Probleme wechselt, und ist sehr zufrieden mit seiner jetzigen Lebensgefährtin, die wieder in seinem Alter ist – Ende siebzig – und bis vor wenigen Jahren im Sommer täglich um sechs Uhr morgens mehrere Kilometer durch den See schwamm, um sich fit zu halten.

Das Haus meines Schwiegervaters steht in der Nähe dieses Sees. Dort leben Hunde, Katzen, Bienen, Hühner, amerikanische Gänse und schottische Kühe. Mit dem Gemüse aus seinem Garten könnte er ein ganzes Heer versorgen, Pferde und Maultiere eingeschlossen. Der Gemüsegarten stammt noch aus den Jahren, in denen hier die halbe Welt in Gestalt von Geschäftspartnern aus Frankreich, Amerika, Japan oder Finnland ein und aus ging. Schon damals ließ sich Ullis Vater keine Gelegenheit entgehen, vor seinen Gästen eine mit seinen legendären Maschinen hergestellte Konserve zu öffnen: Unter den Anwesenden fand sich stets einer, der jünger war als das konservierte Lebensmittel – die Wunder der deutschen Technik!

Um ihren Körper zu konservieren, fasten mein Schwiegervater und seine Lebensgefährtin regelmäßig. Zwei ganze Wochen lang nehmen sie dann nichts zu sich als Kräutertee. Ferner rät mein Schwiegervater zu einer kalten Dusche jeden Morgen, die das beste Mittel sei, um den Kreislauf in Schwung zu bringen. Als allerbeste Abhärtung aber gilt ihm der winterliche Saunabesuch am Strand der Nordsee, gefolgt von einem Lauf über den windgepeitschten Sand und dem Sprung ins Meer bei einer optimalen Temperatur von vier oder fünf Grad.

An der Nordsee war ich zum ersten Mal im Sommer, als mir die Wassertemperatur schon völlig ausreichend erschien, um meinen von milder mediterraner Wärme verwöhnten Körper abzuhärten. Der größte Kulturschock aber war nicht das Bad im eisigen Nordmeer, sondern meine Bekanntschaft mit der so genannten Freikörperkultur. Ich war frisch aus Italien gekommen, einem in falsche Scham gehüllten Land, wo uns schon in der Grundschule die Klosterschwestern eingeschärft hatten, wir dürften nur in einteiligen Badeanzügen zum Strand gehen – und dies zu einem Zeitpunkt, da ich von niemandem als weiblich erkannt worden wäre, auch wenn ich nur eine Badehose getragen hätte. Meinen eigenen Vater hatte ich zu Hause nicht einmal in Unterhosen gesehen (was ich im Übrigen keineswegs bedaure). Und dann ist einer der ersten Einblicke, die mir meine neue deutsche Familie gewährt, die Rückenansicht meines künftigen Schwiegervaters, der splitternackt, mit leicht hinkendem Schritt und nicht mehr jugendstraffem Körper auf die Meeresbrandung zueilt. Ich musste meinerseits alles herzeigen, womit die Natur mich ausgestattet hat, und mich zwingen, die Situation, die mir grenzenlos peinlich war, mit Unbefangenheit zu überspielen …

Es ist höchst eigenartig, am Strand ein Brötchen zu essen und zu spüren, wie Krümel in die Schamhaare fallen oder auf einer Brustwarze liegen bleiben. Daran werde ich mich niemals gewöhnen können: Nackt in der Öffentlichkeit zu essen ist alles andere als ein Vergnügen.

In Berlin ging ich einmal mit meinem Freund Fokke spazieren. Ich drückte meine Bewunderung für die geistige Freiheit und echte Unbefangenheit aus, mit der sich an den Nordseestränden Menschen jeglichen Alters nackt zeigen, woraufhin er mir erklärte, dass die zu Beginn des zwanzigsten Jahrhunderts entstandene FKK-Bewegung während der NS-Zeit sehr geschätzt wurde. 1934 entstand aus dem »Kampfring für völkische Freikörperkultur« der »Bund für Leibeszucht«, dessen Ziel die »rassische, gesundheitliche und sittliche Hebung der Volkskraft« war. Ich dachte an die Maler und Bildhauer, deren Werke von den Nationalsozialisten für entartet, für Erzeugnisse eines kranken Geistes erklärt worden waren, weil sie sich unter anderem weigerten, das vom Regime aufgestellte Ideal des vollendeten, virilen Körpers bildlich darzustellen.

Ich sah Fokke an, einen hoch gewachsenen, anziehenden jungen Mann: Seine lebhaften Augen verschwanden hinter einem vorsintflutlichen metallenen Brillengestell, seine feinen Gesichtszüge krönte ein dichter, formloser Haarmop, weder lang noch kurz, dazu trug er einen Pullover aus grober Wolle und Holzfällerschuhe und strahlte insgesamt eine unbewusst ideologische Nachlässigkeit aus – weit entfernt von jedem Männlichkeitsideal. Ein gelungener Versuch, Vollkommenheit zu verbergen, die schönen Formen der Natur zu demütigen. Sonst liefe Fokke Gefahr, geradezu attraktiv zu sein und vielleicht gar Erfolg bei den Frauen zu haben!

Doch statt ihm meine Überlegungen zu diesem Selbstbestrafungs-Look mitzuteilen, hörte ich Fokke zu, der von der Beziehung seiner Familie zur Vergangenheit erzählte. Von seinem Großvater, der in Litauen bei der Bahnpolizei gewesen war und nie von den Güterzügen sprach, die er hatte vorbeifahren sehen. Wir gingen durch Schöneberg, wo vor dem Krieg viele jüdische Familien gelebt hatten. Die Gegend ließ die Schatten der Vergangenheit auf uns fallen. An den Straßenlaternen waren über unseren Köpfen Aushänge befestigt, rund fünfzehn verschiedene, auf denen in Anführungszeichen Zitate aus den Rassengesetzen standen, samt dem Datum ihres Inkrafttretens – eine Mahnung an die Bürger; sie begleitete sie jeden Tag auf dem Weg zur Schule oder zur Arbeit. Auf einem Aushang stand mit dem Datum 26. Juni 1941: »Juden sollen keine Seife und Rasierseife mehr erhalten.«

Das verlorene Paradies

Zu meinem Glück hatte es mich in ein Land verschlagen, das meiner Heimat gegenüber grundsätzlich wohlgesinnt ist. Mehr als wohlgesinnt! Die Deutschen verbinden Italien mit Ferien, Sonne, Eis und Cappuccino im Straßencafé; die Gebildeten schätzen die Kunst und lieben die alten

Städte, die es in Deutschland fast nicht mehr gibt, weil sie im Krieg zum großen Teil zerstört wurden. Manche, die in ihrer Jugend für Indien und andere exotische Länder schwärmten, geben im reiferen Alter das Vagabundieren in der Ferne auf und lassen sich in einem einsamen toskanischen Landhaus oder einem leichter zugänglichen Dorf nieder, um in einer Gegend, die ihnen kulturell nicht fremd ist, ihren Urlaub oder Ruhestand zu verbringen.

Die Italiener hingegen verbinden Deutschland mit Krieg und mit Arbeit. In unserer langen Geschichte der Fremdherrschaft war Deutschland für uns die letzte Besatzungsmacht; danach war es ein Auswanderungsland, ein Ort der Sachlichkeit, an dem gearbeitet und Geld verdient wurde, D-Mark: eine harte Währung, anders als die italienische Lira.

Der Empfang, den das Gastland in den sechziger Jahren den Neuankömmlingen aus Südeuropa bereitete, war nicht gerade herzlich. Als ich selbst kam, hatten sich die Zeiten zu meinem Vorteil geändert – Anfang der neunziger Jahre schaute man einer qualifizierten jungen Frau wie mir vor der Erteilung der Aufenthaltsgenehmigung nicht mehr in den Mund, wie es die deutschen Ärzte bei der Anwerbung von Arbeitskräften in Neapel und Verona getan hatten. Die Gastarbeiter waren aus Not gekommen, manche wohl auch, weil sie die deutschen Blondinen und ihre vermeintlich freien Sitten verlockend fanden. Das Bild der gefälligen, stets verfügbaren nordischen Frau verbreitete die italienische Nationalbrauerei auf Werbeplakaten und später in Fernsehspots: »Nenn mich Peroni … ich werde dein Bier sein«, sprach eine weißblonde, weißhäutige Walküre, deren üppige Formen ein kurzes, ärmelloses Kleidchen im Zaum hielt, mit einem schäumenden Bierglas in der Hand … Dann aber, wer weiß, weshalb, suchten sich die meisten italienischen Immigranten doch lieber zu Hause eine Frau. »Mogli e buoi dei paesi tuoi«, lautet ein altes italienisches Sprichwort: Ehefrauen und Ochsen holt man sich am besten im eigenen Dorf.

Seit den sechziger Jahren war viel Wasser die Flüsse hinabgeflossen, und viele Züge hatten die Grenzen überquert. Im Jahr 1990 hatte es eine Italienerin in Deutschland viel leichter als ihr Landsmann dreißig Jahre früher. Schließlich sind wir heute alle Europäer, heißt es. Wenn hier in Deutschland von Ausländern die Rede ist, wissen wir EU-Angehörige, dass damit vor allem die anderen gemeint sind, die größte ausländische Minderheit in Deutschland, die zwei Millionen Türken. Die meisten deutschen Freunde, Kollegen und Bekannten sind überrascht und gleich darauf auch empört, wenn ich von den Hürden erzähle, die ich überwinden musste, um meine Aufenthaltsgenehmigung zu bekommen – die sie doch ihrerseits ebenfalls beantragen müssten, wenn sie nach Italien ziehen wollten. Die meisten Europäer, die in dem Land leben, in dem sie geboren sind, wissen nicht, dass die Bewegungsfreiheit innerhalb der Europäischen Union nicht für alle Bürger gilt, sondern nur für jene, die eine Arbeit beziehungsweise ein Einkommen nachweisen können. Und eine Aufenthaltsgenehmigung brauchen sie so oder so. Daran hat sich auch am Beginn des dritten Jahrtausends nichts geändert.

Die Sympathie der Deutschen für Italien und ihr Interesse an dem Land waren eine Bestätigung für mein seit jeher unbeschwertes Verhältnis zu meiner Nationalität. Bis ich ins Ausland ging, hatte ich, offen gestanden, nie ernsthaft darüber nachgedacht. Solange ich in dem Land lebte, in dem ich geboren und aufgewachsen war, definierte ich mich über mein Geschlecht, mein Alter, meine politische Einstellung, meinen Beruf, meine Vorlieben und Interessen, und so setzte sich nach und nach meine Persönlichkeit zusammen, deren Merkmale sich im Lauf der Zeit zwangsläufig ändern mussten. Doch die radikalste

Änderung in meinem Selbstbild trat ausgerechnet in dem Moment ein, da ich Italien verließ. Dieses Schicksal verbindet alle, die in einem fremden Land leben.

Ins Ausland verpflanzt, wurde auf einmal meine »italianità« zum wichtigsten Erkennungsmerkmal meiner Person. »Ich bin Italienerin!«, antwortete ich auf die Frage, die mir am häufigsten gestellt wurde, ausgelöst durch meinen Akzent und meine Fehler im Deutschen. Meine Antwort wiederum löste oft ein Seufzen und echte, unergründliche Begeisterung aus: »Wie schön …!«, »Ach, Italien …« und so weiter. Anscheinend weckte allein das Wort Italien Erinnerungen, Assoziationen, Überzeugungen, Verzückung. Die Kunst Italiens, die Kunst, das Leben zu genießen, *la dolce vita* und *il dolce far niente*, die italienische Küche, die Wärme der Sonne, das Blau des Meeres, die höflichen Menschen, die Eleganz und Sinnlichkeit der Frauen – und der Männer! –, die Musikalität der Sprache, das überschwängliche italienische Wesen … ja, wir sind angeblich alle »temperamentvoll« (als gäbe es bei uns keine Trantüten). Meine Gesprächspartner redeten sich in Ekstase, ihre Fantasie katapultierte sie zurück in ein verlorenes Paradies, exklusiv von den Italienern betrieben.

Wie war ich bloß auf die Idee gekommen, dieses Paradies zu verlassen, die Alpen zu überqueren, um hier im hohen Norden zwischen den Seelen im Fegefeuer umherzuirren? Das war die zweite Frage, die mir – ein wenig anders formuliert – die Arbeitskollegin ebenso stellte wie der Käsehändler auf dem Markt. Wie kann eine Italienerin in Hamburg leben?

Geboren bin ich in *bella Italia*, in der Autostadt Turin. Aus den Fenstern unseres alten Wohnhauses blickten wir auf eine Reifenfabrik, weshalb meine Mutter sehr oft die Gardinen waschen musste, denn der schwarze Staub, der sich auf den Vorhängen ablagerte, hielt viel Licht fern. Die schwebenden Rußteilchen in der Luft zwangen meine Familie, wegen des Asthma-Risikos meiner Schwester für ein Jahr aufs Land zu ziehen. Dann wurde die Fabrik an den Stadtrand verlegt, aber ich brauchte sie nicht lange zu entbehren, denn als ich ins Gymnasium kam, war sie wieder da. Aus riesigen, mannshohen Lüftungsstutzen quoll die mit Gummiteilchen durchsetzte Luft, trieb auf die Straße hinaus und breitete sich über ein Neubaugebiet. Wenn wir im Frühling im Klassenzimmer die Fenster öffneten, drang aus der nahen Lavazza-Fabrik außerdem der Geruch von gerösteten Kaffeebohnen herein und vermischte sich mit dem Gummiaroma. Diese Kombination hat sich mir so tief eingeprägt, dass mir Lavazza-Kaffee noch heute zuwider ist.

Bevor ich nach Hamburg zog, hatte ich sechs Jahre in Mailand gelebt, einer europäischen Metropole, wie uns in den achtziger Jahren bei jeder Gelegenheit versichert wurde – und was wir glatt vergessen hätten, wären wir nicht immer wieder daran erinnert worden. Zwar bemühten sich die Mailänder sehr, einen gewissen Stil beizubehalten, so wie sie jeden Morgen der jeweiligen Mode gehorchten und sich ausnahmslos in dieselben Farben, in identisch geschnittene Jacken aus identisch gesteppten Stoff, in identische bodenlange Strickmäntel kleideten. Aber dann mussten sie sich in die Straßenbahnen und Busse, die Züge der beiden U-Bahn-Linien quetschen, in denen man zu den Stoßzeiten wegen der drangvollen Enge und des Sauerstoffmangels zu ersticken drohte. Ich bin überzeugt, dass die Mailänder Modeschöpfer gern die Mikrofaser verwenden, damit die eleganten Anzüge und Kostüme in den überfüllten öffentlichen Verkehrsmitteln nicht zerknittern.

Wer nicht bereit war, sich in U-Bahnen und Bussen erdrücken zu lassen, konnte sich auf eigene Faust in den Dauerstau des Straßenverkehrs stürzen. Um den öffentlichen Grund und Boden maximal auszunutzen, fügte die Mailänder Stadtverwaltung Grünstreifen zwischen die

Fahrbahnen der meistfrequentierten Straßen, und dort spendeten nun Bäume Schatten und Sauerstoff; was darauf wuchs, war vor allem Schmutz und Staub. Die wenigen Parks, die es gab, wurden mit Einbruch der Dämmerung Treffpunkt für Drogensüchtige.

Ich dachte an die kriecherische Höflichkeit der Ladenbesitzer, mit der sie den eintretenden Kunden begrüßen, und an die böse Miene, mit der sie ihm nachschauen, wenn er wieder geht, ohne etwas gekauft zu haben. Meine Nachbarn kamen mir in den Sinn, die nie antworteten, wenn ich sie grüßte. Um mich beliebt zu machen, bot ich den alten Frauen an, ihnen die Einkäufe bis in den vierten Stock zu tragen, denn in unserem Haus gab es keinen Aufzug; sie aber sahen mich und meine Freundin Teresa nur scheel an und hielten uns für Flittchen, weil wir »allein« lebten. Zwei Frauen, die sich eine Wohnung und die Miete teilen? Im Mailand der achtziger Jahre war so etwas noch so außergewöhnlich, dass es Argwohn erregte. Teresa, die aus Turbigo kam, einem Dörfchen im Mailänder Umland, ein schönes, großes Mädchen mit schwarzen Augen und Haaren, hieß bei ihnen nur »la Brasiliana«. In ihrem Zimmer brannte nachts oft noch Licht, weil sie als freiberufliche Illustratorin arbeitete und keine festen Zeiten hatte. Damals waren die »Brasilianerinnen«, wie jeder Mailänder wusste, Transvestiten, die nachts ihrem Gewerbe nachgingen und ihre Kundschaft in der Nähe des Friedhofs aufgabelten.

Ich dachte an den Drogenabhängigen, der mich mit dem Messer bedroht hatte und mir nicht nur mein Geld abnahm, sondern auch meine Schuhe. Im Dunkeln bemerkte er nicht, dass er alte Mokassins mit löchriger Sohle erbeutet hatte. Damals war es üblich, sich Timberland-Schuhe direkt von den Füßen des Besitzers zu holen, aber dieser Wegelagerer hatte offenbar keinen Blick für modische Accessoires. Zum Glück stand ich bereits vor meinem Haustor, denn wäre ich mitten im Winter um ein Uhr nachts auf Socken durch die Straßen gelaufen, hätte man mich am Ende noch in die nächste Psychiatrie eingeliefert.

Etwa ein halbes Jahr nach dem Schuhraub fuhr ich wie üblich abends mit der Straßenbahn von der Redaktion der Tageszeitung, bei der ich arbeitete, nach Hause. Auf dem letzten Stück Weg tauchten aus dem Nebel zwei große Gestalten auf, die eine hielt mir einen Pistolenlauf an die Schläfe. Statt in Todesangst zu geraten, entfuhr mir der Satz: »Ach, nein … nicht schon wieder!«, und dabei dachte ich entnervt: Wieso raubt ihr nicht jemand anderen aus! Dann fragte ich mich, ob es wohl eine echte Pistole war, sie aber hatten es anscheinend eilig und bekundeten mir ihren Willen, die Echtheit ihres Spielzeugs zu beweisen, wenn ich ihnen nicht gleich meine Tasche überließ. Die herbeigerufenen Polizisten vergeudeten viel Zeit damit, mich nach Dingen wie der Farbe der Schals meiner Räuber zu fragen, obwohl der Nebel zu dem Zeitpunkt so dicht war, dass man kaum die Hand vor den Augen sah, und der Beamte, der an Ort und Stelle das Protokoll aufnahm, fragte mich sogar, ob »Romeo« mein Vor- oder Nachname sei.

Und ich dachte an den Direktor der Journalistenschule, die ich besucht hatte, »Die beste in ganz Italien!«, der grundsätzlich ab zwei Uhr nachmittags betrunken war und eine Mitstudentin aufgefordert hatte, ihre Zahnspange aus dem Mund zu nehmen, das sehe ja ekelhaft aus. Mir gegenüber verhielt er sich insofern galanter, als er mich lediglich einschüchterte, weil ich es gewagt hatte, bei derselben Zeitung um ein dreimonatiges Praktikum anzusuchen, bei der sich bereits ein anderer Schüler beworben hatte – dem ich, wie der Direktor versicherte, nicht das Wasser reichen könne. Später arbeitete ich schwarz beim »Corriere della Sera« und traf einmal zufällig einen Kollegen im Zug wieder; er saß mir gegenüber, starrte auf meine Brust und meine Knie und sagte, mit meinen Qualitäten bekäme ich doch ohne weiteres eine feste Stelle.

Der Zugang zum Berufsleben war und ist seit jeher eine Schwachstelle in Italien, wo die Vetternwirtschaft als Methode und System in fast allen Branchen herrscht, wo eine Bewerbung wenig Aussicht darauf hat, beantwortet zu werden, und Beziehungen mehr zählen als Kenntnisse und Erfahrung.

Dass Italien von einem Ministerpräsidenten regiert wird, der sein Vermögen dank seiner politischen Kontakte angehäuft hat und heute die Politik in den Dienst seiner persönlichen Interessen stellt, ist keine Anomalie eines demokratischen Systems, wie die Deutschen häufig nachsichtig meinen. Nicht in Italien. Dort ist es leider die Regel, die in der Gesellschaft ebenso verbreitet ist wie bei den Eliten an der Spitze der Institutionen.

In den siebziger Jahren wurde mein Vater von den zugewanderten Kalabresen als Kandidat der Sozialisten in den Turiner Stadtrat gewählt. Von Stund an herrschte in unserer Wohnung ein ständiges Kommen und Gehen von Wählern-Bittstellern-Landsleuten, die für ihre abgegebene Stimme eine Gegenleistung erwarteten. Einer wollte einen Sohn in einer offenen Stelle bei der städtischen Straßenreinigung oder der Post unterbringen; ein anderer hatte einen Antrag auf Frührente wegen Berufsunfähigkeit gestellt und drängte auf einen Bescheid; eine Mutter litt unter der Trennung von ihrem zum Militär eingezogenen Sohn und verlangte von meinem Vater, dass er sich für die Verlegung des Sprösslings in eine nähere Kaserne einsetzte; ein Patient brauchte spezielle ärztliche Untersuchungen und wollte eine Empfehlung haben, um sich in eine Schlange mit anderen Besitzern ähnlicher Empfehlungsschreiben einreihen zu können … In der Zeit, die ihm danach noch blieb, kümmerte sich mein Vater nebenbei um den reibungslosen Ablauf der Stadtverwaltung, wofür er ja ursprünglich gewählt worden war. Den größten Teil seiner Energien verbrauchte jedoch das Heer der Glücklosen, die allein nie und nimmer bekommen hätten, was ihnen in einem Land mit einer anderen Staatsauffassung von Rechts wegen und ohne die Intervention eines Beschützers zugestanden hätte. Nur einmal traten zwielichtige Subjekte vor meinen Vater hin und wollten ihm ihre Dienste anbieten: »Wenn Sie jemanden loswerden wollen, Signor Romeo, nur keine Umstände, wir stehen Ihnen zur Verfügung.« Mein Vater entledigte sich dieser finsteren Gestalten auf diplomatische Weise; wahrscheinlich halfen sie daraufhin der politischen Karriere eines anderen auf die Sprünge, der es mit den Mitteln zum Zweck nicht allzu genau nahm.

Es waren alles bescheidene und anständige Leute, die in der Gunst meines Vaters standen. Vor allem zu Weihnachten kam unsere Familie in den Genuss ihrer Dankbarkeit in Form von typisch kalabresischen Produkten: kistenweise Apfelsinen und Blutorangen, getrocknete und mit Walnüssen gefüllte Feigen, eingelegte Oliven, *capicolli*, eine kalabresische Salamiart, und verschiedene Käse – Provole, Caciocavalli, Scamorze. Auf höheren Ebenen hingegen sorgte die Dankbarkeit wohlhabender Günstlinge dafür, dass Spitzenpolitiker und ihre Verwaltungsbeamten Konten im Ausland eröffnen konnten und dadurch Senatoren und Minister wurden.

Mein Vater zog sich aus der Politik zurück, ohne je die Gründe dafür zu nennen. Tatsache ist, dass kurz zuvor seine alte Sozialistische Partei in die Klauen des engen Berlusconi-Freundes Bettino Craxi und seiner Clique gefallen war. Wahrscheinlich hatte es mein Vater vorgezogen, beiseite zu treten, um nicht von dieser neuen Generation gefräßiger Politiker zerfleischt zu werden.

Ab und zu fahre ich wieder nach Mailand, das Mailand des neuen Jahrtausends, in dem Bettino Craxis politischer Aufstieg begann und das Anfang der neunziger Jahre die großen gerichtlichen Ermittlungen einleitete, die zum Zusammenbruch der alten politischen Parteien führten, das Mailand, das sich sofort auf die Seite der Lega Nord mit ihren rassistischen Wahnideen geschlagen und einen Bürgermeister derselben politischen Richtung gewählt hatte, das Mailand, das sich politisch mit Berlusconis Forza Italia vereinigte, nachdem es als Nährboden für sein enormes Vermögen gedient hatte. In einem März, in dem ein Krieg gegen den Irak begann, sah ich dort viele Regenbogenfahnen mit der Aufschrift »PACE«. An jeder Fassade hingen mindestens vier oder fünf Fahnen aus den Fenstern. Sogar über dem Grünstreifen, auf dem die alten Männer mitten im brausenden Verkehr einer breiten Ausfallstraße Boccia spielten, wehte eine PACE-Fahne. Und ein Stück weiter spielten auf demselben Grünstreifen Kinder, eine ganze Schar. Die Gemeinde hatte dort einen modernen Spielplatz errichtet, mit Schaukeln und einem Klettergerüst aus Seilen, Laufstegen und schiefen Ebenen. Auf dem Boden darunter lag eine dicke Matte, auf die man weich fiel. Links und rechts dieses Reservats für Kinder und Alte sausten die Autos vorbei und verbreiteten Lärm, Abgase und Schmutz.

Ich hatte beinahe Schuldgefühle, weil ich keinerlei Sehnsucht nach Mailand empfand, obwohl die Friedensfahnen mich ein wenig mit der Arroganz der Stadt versöhnten. Es ist ein Privileg, dass ich anderswo leben darf, dachte ich, wo die Kinder eigene Spielplätze haben, abseits vom Straßenverkehr, und Sandkästen, in denen sie Kuchen backen können, grüne Wiesen zum Ballspielen. Wo man den Kindern praktische Sachen anzieht, in denen sie sich ohne Angst, ein teures Kleidchen schmutzig zu machen oder zu zerreißen, auf dem Boden wälzen dürfen.

In Hamburg kleiden sich die Leute, wie es ihnen passt, was aber nicht bedeutet, dass sie nicht wissen, was Eleganz ist. Vielleicht spiegelt die Vielfalt des Äußeren die innere Unabhängigkeit wider, die Weigerung, im Rudel aufzutreten. In Hamburg gehen die Leute auf der Straße an einem vorbei, ohne einen anzuschauen.

In dem Haus, in dem ich wohne, passen wir Nachbarn gegenseitig auf unsere Kinder auf, vor allem abends findet sich immer ein Babysitter. Lebhaft ist mir der Gesichtsausdruck meiner Mutter in Erinnerung, als eines Abends ein Mann im Bademantel vor der Wohnungstür stand und bei uns duschen wollte. Er war dabei, sein Bad zu renovieren, und ging jeden Abend zu einem anderen Nachbarn zum Duschen. Meine Mutter staunte nicht schlecht über die sonderbaren Sitten der Deutschen.

Ich lebe in einer Stadt, in der sich die Sonne sehr selten zeigt. Im Winter kommt es vor, dass der Himmel auch einmal für zwei ganze Wochen unter einer Decke aus dickem grauem Hochnebel verschwindet. Trotzdem ist die Farbe, die ich mit dieser Stadt verknüpfe, nicht grau, sondern grün. Die öffentlichen Parks sind weitläufige Gärten voller Blumen, oder sie sind überhaupt regelrechte Stadtwälder. An den Straßenrändern stehen üppig belaubte Bäume, vor allem Kastanien, die im Mai, in der Pracht ihrer Blütenkerzen, ein erhebender Anblick sind. Die zahlreichen U-Bahn-Linien sind bis in die Nacht hinein voller Fahrgäste, und was immer die neuen Ordnungshüter behaupteten, um Wählerstimmen zu gewinnen: Ich habe mich in Hamburg immer sicher gefühlt, bei Tag und bei Nacht.

Aber wie oft musste ich diese Stadt, dieses Land verteidigen! Manche italienische Kollegen waren sehr enttäuscht, als sie hörten, dass ich in Deutschland nicht leiden müsse. Freunde von Freunden gestanden mir, sie hätten Deutschland und die Deutschen noch nie ausstehen können, und bei näherer Befragung stellte sich heraus, dass sie nur mit dem Personal der Lufthansa zu tun gehabt hatten und ihre Landeskenntnis sich auf einen Zwischenstopp im Frankfurter Flughafen während einer Reise in exotischere Gefilde beschränkte. Bei einem Italienbesuch blieb mir einmal der Bissen im Hals stecken, als ich die an meinen deutschen Freund gerichtete fatale Frage hörte: »Wie fühlen sich die Deutschen, nachdem sie die Juden vernichtet haben?«

Aber vor allem musste ich Deutschland vor den Deutschen selbst in Schutz nehmen. Es mangelt ihnen nie an Gründen, mit allem unzufrieden zu sein: mit dem Gesundheitssystem, der Kriminalität, den Behörden, dem Wetter, dem Verkehr, dem Schmutz in den Zügen, der Warteschlange im Postamt, der Verspätung an der Bushaltestelle (zweieinhalb Minuten).

Wie oft habe ich mich dabei ertappt, dass ich genau wie die alten italienischen Einwanderer redete, die ursprünglich nur ein paar Jahre bleiben wollten und dann, nach mehrfachen fruchtlosen Versuchen, in Italien wieder Fuß zu fassen, »die Rückkehr vergessen« haben, wie der Titel des sehr schönen Dokumentarfilms eines in Hamburg geborenen Deutschtürken lautet. Die alten Gastarbeiter sprechen im Allgemeinen mit Respekt und einer gewissen Dankbarkeit von Deutschland, obwohl sie hier hart arbeiten mussten. Obwohl sie nie die Zumutung vergessen werden, den deutschen Ärzten das Gebiss zeigen zu müssen, wie die Pferde.

Jetzt bleiben die meisten von ihnen auch als Rentner in Deutschland. Wegen der Kinder, aber auch wegen der Krankenkassen, die im Unterschied zu den italienischen (noch) den Zahnersatz zahlen.

Produkte aus Deutschland

»I prodotti della Germania«, verkündete der Fernseher einladend. Uns Kindern gefiel diese Werbung mit animierten Plastilinmännchen, die den Daumen in die Träger an ihren kurzen Hosen hakten, in hohen Tönen kleine Liedchen ohne Worte anstimmten und dazu schunkelten, wie man sich die Oktoberfestbesucher im Bierzelt vorstellt.

Das war zu Beginn der siebziger Jahre, und die Aufforderung am Ende der langen Reklame, die Produkte aus Deutschland auszuprobieren, kommentierten wir Kinder nur mit einem »Bäh!«. Wir wussten nicht, dass die geliebten *sottilette* aus Deutschland kamen – die in Form gepressten, glänzenden kleinen Quadrate, die einzeln in Zellophan verpackt waren (damit sie frisch blieben!) und eine vage Ähnlichkeit mit Käse aufwiesen: »Scheibletten«. Ihre herausragende Eigenschaft war, dass sie als Kleber für ihre Unterlage dienten, dieses gummiartige, geschmacklose, schon in Scheiben geschnittene Brot, das es nur in einem der seltenen Supermärkte gab. Kastenbrot, Schmelzkäse und gekochter Schinken waren die Zutaten für ein seltenes kulinarisches Erlebnis, das bei uns Kindern große Begeisterung auslöste: *i tost*. Wenn die Mamma verkündete: »Heute Abend machen wir *tost*«, hatte sie keine Lust zu kochen – ein Fest! Ein Ereignis für sich war der sporadische Ausflug in den Supermarkt, in dem sich meine Mutter mit raren Konserven und Produkten in Dosen eindeckte. Mein liebstes Supermarktprodukt waren die »Würstel«, die es, in Form und Umfang den Fingern meines Vaters ähnlich, eingeschweißt in Viererpackungen gab. Wir aßen sie eine pro Mahlzeit in Scheiben geschnitten und eiskalt aus dem Kühlschrank. In meiner kindlichen Würstel-Leidenschaft erkannte ich später ein Zeichen, dass ich für Deutschland prädestiniert war.

Die italienischen Mütter schätzten die Produkte *Made in Germany*. Das gute Porzellanservice meiner Großmutter war sogar *Made in US Zone Germany*. Unübertrefflich war der Ruf der Töpfe aus rostfreiem, massivem, unzerstörbarem Stahl. Aber was eine Zeit lang wirklich das Herz der italienischen Hausfrauen gewann, das waren die deutschen Reinigungsmittel. Es kamen Wasch- und Putzmittel auf den Markt und klopften mit der Hand ihrer (italienischen) Vertreter direkt an alle Haustüren. Schon von außen erwiesen sie sich als fremde Wesen: zylindrische, eher plumpe Flaschen aus dünnem Plastik, durchsichtig genug, um die Farbe der darin enthaltenen, rigoros grünen Flüssigkeit zu erkennen. Sie waren so klobig, dass keine Italienerin sie mit einer Hand hätte halten können. Eine Tante legte meiner Mutter mit vielen Lobesworten für die deutsche Kompetenz in Sachen Hygiene und Transparenz vor allem den Glasreiniger ans Herz.

Als ich erwachsen wurde, war mein Deutschlandbild verblasst wie die Farben der Faßbinder- und Wim-Wenders-Filme, die in den siebziger und frühen achtziger Jahren serienweise in den Filmkunstkinos liefen. In Deutschland habe ich diese Filme nie wieder gesehen, so dass meine Erinnerung an sie in der damaligen Zeit stehen geblieben ist. Gequälte Gestalten, die ihre Gefühle schlecht mit Gesten und noch schlechter mit Worten ausdrückten. Sie gehörten zu den wenigen Filmen, die damals nicht synchronisiert wurden, so dass ich meine ersten deutschen Worte aus dem Mund von Hanna Schygulla und Rüdiger Vogler hörte. Allerdings hatte das engagierte Publikum keine allzu große Mühe mit den Untertiteln, denn in diesen Filmen wurde sehr wenig geredet. Eine Synchronisierung wäre angesichts der geringen Zuschauerzahlen zu teuer gewesen und auch schwierig: Die italienischen Wörter lassen sich nicht so sparsam einsetzen, und ein Publikum, das im realen Leben an Gespräche mit mehreren gleichzeitig redenden Teilnehmern gewöhnt ist, hätte die Mühseligkeit solcher Dialoge auf Italienisch ohnehin als unnatürlich empfunden.

Ich weiß noch, wie ich in Deutschland im Fernsehen »Rocco und seine Brüder« von Luchino Visconti in deutscher Synchronisierung sah. Ich kannte den Film, aber dass die Leute von Anfang bis Ende derart wütend miteinander stritten, war mir nicht bewusst gewesen. Dann begriff ich, dass es an der Sprache lag. Die Norddeutschen reden leise, artikulieren deutlich, unterbrechen jemanden selten, ehe er gesagt hat, was er zu sagen hat. Um sich an den Rhythmus und die Lautstärke der italienischen Originaldialoge anzupassen, hatten die Synchronsprecher die deutsche Sprechweise verfälscht, die, wenn sie schnell und laut wird, zornig und beunruhigend klingt, wie die auf Deutsch erteilten Befehle der Nazis in Hollywood-Filmen. Diese Filme haben in der Welt den Eindruck verbreitet, Deutsch sei keine schöne, musikalische Sprache, sondern ein Jargon für Hundeabrichter.

Eines Tages klopfte ein Vorwerk-Vertreter an unsere Tür, um uns den nordischen Fortschritt in Form eines elektrischen Besens ins Haus zu bringen. Der Besen hatte eine lärmende Seele, einen langen grünen Schwanz und ein Maul, das grundsätzlich nicht unter die niedrigeren Möbel passte. Mit höllischem Schmatzen verschlang er Staub. Und die Fliesen-, Stein- oder Marmorböden mussten auf das raue Kratzen von Reisig oder das sanfte Streicheln von Borsten verzichten – fortan wurden sie von den Nylonbürsten des Kobolds gerieben. Denn so hieß er, »Kobold«, »Folletto«: Das Staub saugende Ungeheuer war nach den Haus- und Hofgeistern des nordischen Volksglaubens benannt. Der Wohlstand hatte das Ausklopfen der häuslichen Teppiche überflüssig gemacht, und der ursprünglich aus Weide geflochtene, aber auch im Plastikzeitalter noch hergestellte Teppichklopfer wurde an den Haken gehängt: ein harmlos gewordenes Symbol für Erziehungsmethoden aus einer anderen Zeit.

Nur meine Großmutter hielt an ihrem Teppichklopfer fest: Bis ans Ende ihres Lebens klopfte sie Teppiche und Matratzen aus und fegte die Krümel in der Küche mit ihrem Reisigbesen zusammen. Der rostfreie Stahl war auf dem Vormarsch, doch meine Großmutter verschmähte nicht nur das deutsche Kochgeschirr, sondern blieb sogar bei ihren Aluminiumtöpfen und -pfannen, deren Böden sich mit der Zeit aufgebogen hatten. Unverwechselbar aber war das Küchengeschirr meiner Großmutter wegen seiner Henkel und Stiele: Keine zwei Griffe glichen einander, nicht einmal an ein und demselben Topf, denn die Gasflammen des Herds hatten die Originalhenkel einen nach dem anderen abgesengt, so dass mein Großvater die armen Töpfe in seine Werkstatt mitnahm, wo er früher Fahrräder repariert hatte und jetzt Rollstühle für Invaliden baute, und Rohre unterschiedlicher Form und Beschaffenheit an die Henkelstümpfe schweißte. Großmutters Kochgeschirr hatte eher Lenkstangen als Griffe.

»Nonno repariert alles!«, sagte ich als Kind jedes Mal, wenn etwas zu Bruch gegangen war. Damit versuchte ich den Konsequenzen zu entrinnen, wenn ich zum Beispiel mit einem Ballwurf in meinem Zimmer einen Arm des kostbaren Kronleuchters aus Capodimonte abgebrochen hatte. Und so war es: Großvater trug die Einzelteile in seine Werkstatt und kam mit einem reparierten Ganzen zurück. Auf seinen Arbeitstischen lagen Wunderkleber, magische Funken, die Metall schmolzen, Werkzeuge für jeden Gebrauch …

Er flickte mir auch den Schrotthaufen von Fahrrad zusammen, den mir ein Dieb barmherzigerweise anstelle meines nagelneuen Rads zurückgelassen hatte. Tränenüberströmt kam ich mit diesem Wrack von der Schule nach

Hause, das außer dem verrosteten Rahmen nur zwei Räder und ein Stück Lenker hatte und nicht einmal einen Sattel – weshalb ich es hatte schieben müssen. Von allen Seiten bekam ich Vorwürfe zu hören, weil ich so dumm gewesen war, mir mein neues Fahrrad, ein Geschenk zu meinem achtzehnten Geburtstag, nach nicht einmal zwei Wochen stehlen zu lassen. Es sollte mir eine Lehre sein, weil ich den Brillantring, den sich jedes ordentliche Mädchen zur Volljährigkeit wünschte, nicht gewollt hatte. Mein Großvater aber tröstete mich und machte sich sogleich ans Werk, nicht ohne allerlei Lobesworte für das gute Stück: Tatsächlich kam nach der Restaurierung ein elegant geschwungener Vorkriegs-Originalrahmen zum Vorschein. Während mein Großvater mit meinem Fahrrad beschäftigt war, muss er an die vergangenen Zeiten zurückgedacht haben, als unter seinen Händen uralte Velozipede wieder zu neuem Glanz und Leben erwacht waren. Ja, er hatte goldene Hände, flinke, schlanke Mechanikerhände.

Mein Großvater war schon etliche Jahre tot, und ich wagte es nicht, das Fahrrad, das mich nach Deutschland begleitet hatte, neu zu streichen: Dieses Grießgelb, das jetzt vom Rost zerfressen war, hatte *er* ausgesucht. Mir wäre Feuerrot lieber gewesen. Seit dem letzten Anstrich waren fünfzehn Jahre vergangen.

Herr Schmidt, unser Hausmeister, sprach mich eines Tages an und wollte mir das alte Fahrrad seiner Frau schenken, das im Keller vor sich hin rostete. Ich solle nur endlich diese »alte Gurke« entsorgen. Ich setzte ihm meine emotionale Verbundenheit mit meinem verrotteten Vehikel auseinander – eine Erklärung, die ich noch mehrfach wiederholen musste, als das Angebot mit wachsender Dringlichkeit erneuert wurde.

Es war an der Zeit, nicht länger das Mitleid meiner Mitmenschen zu erregen. Ich hätte mein Alteisen mit Pedalen instand setzen lassen sollen, aber niemand wollte sich seiner annehmen, alle rieten mir nur, das Ding zum Sperrmüll zu bringen und mir ein neues zu kaufen. Schließlich seien die Fahrradgeschäfte *dafür* da – nicht zur Wiederbelebung antiker Kuriositäten.

Aber von meiner Großmutter hatte ich gelernt, nie etwas wegzuwerfen. Ihr fiel es sogar schwer, sich von den Zigarettenfiltern zu trennen, wenn sie heimlich rauchte! Sie hatte Asthma und wusste, dass die Familie ihr Laster – vielleicht das einzige ihres Lebens – missbilligte. Deshalb drückte sie hastig ihre Zigarette aus, wenn sie hörte, wie der Schlüssel ins Schloss gesteckt wurde, und ließ die Kippe in der Tasche ihrer Kittelschürze verschwinden.

»Hast du schon wieder geraucht, Nonna?«, fragte ich nachsichtig, wenn ich im Flur ihre Sünde roch. Mir war klar, dass die letzte Zigarette halb geraucht in ihrer Schürzentasche lag und dass sie sie, kaum war ich wieder fort, hervorholen und zu Ende rauchen würde bis zum Filter. Sie duldete keine Verschwendung. Wenn sie Brot kaufen ging, benutzte sie dazu vergilbte Baumwoll- oder Leinentaschen, die sie aus zerschlissenen Kissenbezügen nähte.

Jedes Mal, wenn ich in Deutschland einen Naturkostladen betrete, wo Plastiktüten verpönt sind, muss ich an die Stofftaschen meiner Großmutter denken, mit denen ich als Kind das Brot nach Hause und die leeren Milchflaschen in den Laden trug. Diese Flaschen waren aus dickem Glas, hatten einen weiten Hals und wogen leer mehr als die Milch, mit der sie gefüllt wurden. Die Milchfrau, bei der ich sie holte, war eine rundliche Sizilianerin mit blond gefärbten Haaren, und ihr strahlendes Lächeln und ihre freundlichen Worte waren im Preis für die vollen Flaschen, die sie mir für meine leeren gab, immer inbegriffen.

Von »ökologisch« sprach damals noch kein Mensch – heute bringe ich den Begriff mit der Leidensmiene in Verbindung, mit der die vegetarisch lebenden Naturkostverkäufer hinter ihren Ladentheken das Credo der natürlichen Ernährung verkünden. Es ist, als führte der Kontakt mit Knollen, Rüben und dickschaligen, wunderbar pockennarbigen Früchten im Lauf der Jahre zu einer Angleichung von Mensch und Ware. Als ließe die Sorge um gesundes Essen und gesundes Leben mit der Zeit die Lebenslust, die Freude am Genuss eintrocknen.

Meine Großmutter, die mit sieben Halbwaise geworden war, weil ihre Mutter die Geburt des siebten Kindes nicht überlebt hatte, war Vegetarierin aus Not gewesen. Niemand hätte ihr je einreden können, dass Fleisch ungesund sei. Sie hätte kein Verständnis für die ökologische Weltanschauung gehabt, denn ihr Denken war von vornherein nie vom Konsum korrumpiert. Sie sammelte Kekskrümel und verarbeitete sie zu Pudding, der deshalb bei ihr immer geheimnisvoll fest war. Eine Schachtel Pralinen, die ihr jemand geschenkt hatte, verschwand sogleich in der Kredenz im Esszimmer und wurde nur hervorgeholt, wenn Gäste kamen oder wir Kinder sie besuchten: eine Praline pro Person, dann wanderte die Schachtel wieder in den Schrank. Mein Großvater schalt sie: »Hol sie aus deinem Archiv heraus, sie verschimmeln sonst nur!«

Wenn meine Großmutter ein Geschenk bekam, wickelte sie es sorgfältig aus und widmete zuerst der Verpackung ihre gesamte Aufmerksamkeit. Sie legte das Papier zusammen, strich Falten aus und verstaute es in einer Schublade, in der sie Gummibänder, Schleifen, Schnüre und Bindfäden aufbewahrte, über Kreuz um zwei Finger aufgewickelt und in der Mitte zusammengebunden, so dass eine Schmetterlingsform entstand. »Ihr macht euch über mich lustig«, protestierte sie, »aber dann kommt ihr immer wieder an und braucht irgendwas – Nonna, hast du nicht eine Schnur oder ein Gummi?« Sie hatte Recht. Alles, was sie aufbewahrte, erwies sich als Segen, wenn man es brauchte. Es war der Augenblick ihrer Revanche, wenn sie mit triumphierendem Blick ihre ausgebleichte Schachtel hervorholte.

Ihre schönste Sammlung bewahrte sie in einer halb verrosteten und arg angeschlagenen Blechdose für Liebig-Suppenwürfel auf: eine Kollektion von Knöpfen, gleich nach dem Ersten Weltkrieg angelegt, als meine Großmutter, um sich ihren Lebensunterhalt zu verdienen, als Kürschnerin gearbeitet hatte. In die Dose kamen übrig gebliebene Knöpfe von Kunden, Ersatzknöpfe für die Kleidungsstücke der Kinder, abgeschnittene Knöpfe von ausrangierten Kleidern und durchgescheuerten Hemden, die in die Lumpenschublade wanderten, außerdem riesige Knöpfe von Pelzen und Wintermänteln, gebauchte, geblümte, durchbrochene, intarsierte, zweifarbige Knöpfe … Als Kind konnte ich stundenlang mit diesen Wundern spielen: Jedes war eine Gestalt in den Geschichten, die ich mir ausdachte. Ich habe die Knöpfe sogar nach Deutschland mitgebracht, und meine Töchter machten Ketten daraus und schmückten ihre T-Shirts damit. Nicht einmal die verbeulte Schachtel konnte ich wegwerfen, die mindestens so alt ist wie mein Fahrrad.

Ach, mein Vorkriegsrad … Eines Tages erzählte mir ein deutscher Freund von einer Fahrradwerkstatt, die sich irgendwo am Stadtrand zwischen einem McDonald's und einer Autobahnausfahrt verbarg. Ich fuhr hin. Am Eingang der Werkhalle sah ich ein Büro, daneben das Firmenschild zweier Sozialpädagogen – ich war mir schon sicher, dass ich mich in der Adresse geirrt hatte, und wollte schon wieder davonradeln, als ein Sozialpädagoge aus dem Büro kam und mit mir in die Werkstatt ging. Dort wurde mein Fahrrad widerspruchslos entgegengenommen: Wartung aller mechanischen Teile und einen neuen Anstrich zu einem vernünftigen Preis. Niemand grinste verächtlich über mein Rostgestell. Ich wunderte mich über dieses Entgegenkommen, bis mein Blick auf ein Schild fiel, auf dem stand, welche Art von Kundschaft diese Werkstatt in Anspruch nehmen durfte. Sie wurde von der Stadt subventioniert, um Langzeitarbeitslosen Arbeit und eine Berufsausbildung zu verschaffen. Ich schluckte: Ich war keine Studentin mehr, aber auch noch nicht Rentnerin, ich war nicht bedürftig, weder arbeits- noch obdachlos und keine Sozialhilfeempfängerin. Zum Glück war ich Ausländerin, und weil man mir das anhörte, hatten sie mein Fahrrad angenommen, ohne dass ich mich als anspruchsberechtigt ausweisen musste. Am Ende aber wurde ich doch gefragt und gab zu, dass ich keiner der genannten Kategorien angehörte, aber das sei eben das von meinem Großvater zusammengebaute Fahrrad, an dem ich sehr hinge. Es wegzuwerfen brächte ich nicht übers Herz, mit anderen Worten: Nicht ich sei Not leidend, sondern das Fahrrad … Der kahlköpfige Riese aus der Werkstatt hörte sich geduldig meine Geschichte an und sagte: »Dann machen wir es so: Das ist das Rad Ihres Großvaters, der als Rentner Anspruch auf eine Reparatur bei uns hat.«

Ich stieß einen Seufzer der Erleichterung aus und empfand Dankbarkeit gegenüber diesem merkwürdigen Land, das immer nur daran denkt, Geld zu verdienen, und alte Sachen wegwirft, in dem es daneben aber auch Oasen gibt, wo andere Regeln gelten und wo sich, falls die Regeln zu starr sind, eine Möglichkeit findet, sie zu umgehen.

Zufrieden lächelnd kehrte ich nach Hause zurück. Ich stellte mir meinen Großvater vor, der auf meinem endlich wieder instand gesetzten, frisch lackierten Fahrrad durch Hamburg fuhr. Ein munterer Radfahrer im Alter von hundertdrei.

Das Bedürfnis nach Helden

»Was hat der Bombenkrieg mit dem Krieg der Soldaten zu tun?«, fragte mich eines Tages mein Schwiegervater und verwies darauf, dass ein hoher Anteil der Toten des Zweiten Weltkriegs zivile Opfer gewesen seien. Hermann dachte beispielsweise an die mehr als fünfhunderttausend deutschen Zivilisten, die im Bombenhagel umkamen, als die Alliierten ihre Städte dem Erdboden gleich machten. Heute spricht man in Deutschland wieder davon, allerdings in verhaltenem Ton, denn anderswo fielen dem Krieg viel mehr Menschen zum Opfer, vor allem in der Sowjetunion, wo sieben Millionen Zivilisten starben. Ganz zu schweigen von den KZs. Die Deutschen können sich nicht als Opfer gebärden – die Verbrechen im Auftrag eines Staates, der diesen Vernichtungskrieg gewollt und geplant hat, sind derart ungeheuerlich, dass sie die Verbrechen der anderen, die in den Krieg eintraten, um sich zu verteidigen, weit in den Schatten stellen.

Was hat der Bombenkrieg mit dem Krieg der Soldaten zu tun … Tatsache ist, dass die Konflikte seit dem Zweiten Weltkrieg zunehmend die Zivilbevölkerung in Mitleidenschaft zogen, auf die der Tod vom Himmel fiel. Gerade in der Zeit der Berufsarmeen reduzieren die Kriege, die mit Hilfe der Informationstechnik geführt werden, die Verluste unter den Soldaten auf ein Minimum: Oft setzen sie nicht einmal mehr den Fuß auf feindliches Territorium. Wie Sergio Romano in seinem Buch »Das amerikanische Risiko« schreibt, könnte heute der Traum jeder Armee in Erfüllung gehen: kämpfen, ohne zu sterben. Die Zivilisten jedoch sterben nach wie vor, sie fallen den ferngesteuerten Bomben, Hunger, Durst und Krankheiten zum Opfer. Es sind die Zivilisten, die Kinder vor allem, die traumatisiert von Schmerz und Angst, verstümmelt an Leib und Seele, weiterleben.

Ich war in Italien, als der zweite Krieg gegen den Irak ausbrach. Die vielen »PACE«-Fahnen, die aus den Fenstern und an den Balkongeländern hingen, gingen mir zu Herzen. Sogar in den winzigsten Dörfern wollten die Leute ihren Abscheu gegen diesen Krieg bekunden und ihre Missbilligung, von einer Regierung vertreten zu werden, die Zweideutigkeit und Opportunismus zur Maxime ihrer Politik erhebt und damit bestätigt, wie wenig Italien in der Gemeinschaft der maßgeblichen Länder auf der Welt zählt.

»Mamma, wieso hast du das mitgebracht?«, fragte Cecilia, als sie aus meinem Koffer die Regenbogenfahne zog, die ich in Italien gekauft hatte, um sie unserer zweisprachigen, deutsch-italienischen Schule zu schenken. Der deutsche Direktor nahm sie dankbar an und hängte sie am nächsten Tag in der Eingangshalle auf.

Zur selben Zeit las Cecilia an einer Ampel die Aufforderung »Amis go home« und wollte wissen, was das bedeutete. Ich erklärte ihr, so gut ich konnte, worum es im Irakkrieg ging, von dem entsetzlichen Präsidenten des Landes, der alle anders denkenden Untertanen verfolgte und ermorden ließ ... Aber als ich von den gegen den Irak gerichteten amerikanischen Bomben und Raketen erzählte, sagte Cecilia besorgt: »Aber dann sterben die armen Leute ja, die sowieso schon so viel gelitten haben. Was können sie denn dafür, dass sie einen bösen Chef haben!« Leider ist in der Logik der Erwachsenen kein Platz mehr für das Mitgefühl und die Vernunft eines achtjährigen Kindes. Die Welt der Erwachsenen hätte für Cecilia das zynische Grinsen von George W. Bush und Tony Blair, die sie bei einer Pressekonferenz im Fernsehen lächeln sah. »Weißt du, was ich so schlimm finde, Mamma«, sagte sie am Tag danach. »Dass Bush und sein Freund gelacht haben. Wieso lachen die, wenn die Kinder im Irak unter ihren Bomben sterben? Und was macht Bundeskanzlerschröder? Er lacht nicht, oder? Er ist nicht so böse ...«

Wie soll man einem Kind den Wahnsinn der Politik erklären, wenn Gut und Böse im kindlichen Denken noch so deutlich voneinander unterschieden sind? Cecilia wollte wissen, ob auch unsere Freundin Denise, die in New York lebt, den Krieg gewollt hatte wie »Bush« … Um sie zu beruhigen, sagte ich ihr, dass »Bundeskanzlerschröder«, wie sie ihn nennt, gegen den Krieg sei wie Deutschland überhaupt, Italien sich aber nach dem Willen eines Herrn namens Berlusconi offiziell auf die Seite der Amerikaner und der Briten geschlagen habe. Daraufhin wandten meine Mädchen aufgeregt ein: »Aber die Großeltern nicht, oder? Die Großeltern wollten bestimmt keinen Krieg. Die Nonna hat immer gesagt, dass der Krieg was Furchtbares ist.«

Lange Zeit war für meine Töchter Afghanistan der Schauplatz des Kriegs schlechthin, so wie Vietnam für die Kinder meiner Generation den Krieg verkörperte.

»Wann ist der Krieg in Afghanistan wieder vorbei?«, fragte Alessia in der Welt nach dem 11. September besorgt.

»Sicher ganz bald«, versuchte ich sie zu beruhigen. »Da waren böse Männer, die das Land jetzt verlassen, sie werden fortgejagt.«

»Das ist gut, wenn die bösen Männer weggehen«, stimmte sie zu. » … und auch die Fortjäger«, fügte sie mit der Weisheit ihrer vier Jahre hinzu.

Es ist, als hätten heute nur noch die Kinder einen Sinn für die Ungeheuerlichkeit des Krieges. Und die Alten, die den Sirenenton des Luftalarms noch deutlich im Ohr haben. Den alten Menschen steckt die Angst vor dem Tod aus dem Himmel wie ein Granatsplitter in den Knochen. Manche Erinnerungen sind wie Wunden, und die ältesten Wunden schließen sich nie. Denn die Vergesslichkeit alter Menschen ist selektiv, und sie löscht von vorn nach hinten.

Je älter mein Großvater wurde, desto tiefer versank sein Geist in der Vergangenheit. Obsessiv breitete er seine Erinnerungen aus. Wer ihm zuhörte, wusste, dass es keine Rettung gab: Man musste sich, ob man wollte oder nicht, auf seine Geschichten einlassen. Nonno wurde wieder zum Kind, fuhr mit der Pferdetram, beobachtete vom Fenster seiner Werkstatt aus seine spätere Frau, das hübsche Mädchen mit schief aufgesetztem Hütchen, das im Nebenhaus als Kürschnerin arbeitete und dessen Bescheidenheit er sehr schätzte. Er saß auf den Stufen des Stadions und sah das erste Fußballmatch seines Lebens. Italien spielte gegen eine ausländische Mannschaft, und Zuschauer riefen immer wieder: »Ecke, Ecke!«, und mein Großvater dachte: Sakrament, dieser Ecke muss phänomenal sein, andauernd hat er den Ball! Eines Tages saß mein Großvater mit einem für seinen Geschmack etwas zu feinen Mädchen in einem Café an der Piazza Castello. Es war kurz vor Mittag, sie hatte einen *cappuccino* bestellt. Mein Großvater hätte lieber einen Aperitiv getrunken, aber um keinen schlechten Eindruck zu machen, verlangte auch er einen »Cappuccino« und hatte natürlich keine Ahnung, was zum Teufel das war. Als der Kellner zurückkam, konnte er seine Enttäuschung kaum verbergen: »Verfluchte Schweinerei, das ist ja ein Milchkaffee!« Da musste er kurz vor dem Mittagessen einen Milchkaffee trinken, ausgerechnet er, der sein ganzes langes Leben hindurch zum Frühstück eine halbe Tasse Kaffee mit einer halben Tasse Grappa trinken sollte. Als der Erste Weltkrieg ausbrach, war es für vier Jahre vorbei mit den jungen Mädchen, den Kaffeehäusern, den Fußballspielen, den Opern- und Theaterabenden auf dem Juchhe, der höchsten Galerie unter dem Dach, wo er nur einen Stehplatz hatte.

Und bis ans Ende seiner Tage blieb der »Große Krieg«, wie er sagte, das einschneidendste Ereignis in seinem Leben, das alles andere verblassen ließ. Zwar ging er fünfundzwanzig Jahre später in den Widerstand und kämpfte gegen den Faschismus, doch seine Erlebnisse als fünfzigjähriger Partisan konnten niemals die Spuren überdecken, die der Große Krieg hinterlassen hatte. Er sprach häufig davon, und in seinen letzten Lebensjahren immer öfter.

Aus seinem Mund hatte ich zum ersten Mal von den »Deutschen« gehört, den gesichtslosen Feinden, die auf der anderen Seite der Front standen und vielleicht eher Österreicher als Deutsche waren. Ihnen hatten sich mein Großvater und seine Landsleute durch Flucht entzogen.

Eines Tages erzählte mein Schwiegervater von einem Vorfall, der sich unter deutscher Besatzung in Parma ereignet hatte. Ihm und ein paar SS-Kameraden war es gelungen, mitten in der Nacht eine italienische Kaserne zu überfallen und die Soldaten in Unterwäsche in die Flucht zu jagen. »Du hättest sehen sollen, wie sie die Beine in die Hand genommen haben«, sagte er amüsiert … In Deutschland kursierte ein Witz über das italienische Heer: Wie viele Gänge hat ein italienischer Panzer? Sechs Vorwärts- und vier Rückwärtsgänge. Wieso vier Rückwärtsgänge? Für den Rückzug natürlich. Wieso dann noch sechs Vorwärtsgänge? Der Feind könnte ja auch von hinten angreifen!

Im Gymnasium bekamen wir einmal als Aufsatzthema ein Zitat aus Brechts »Leben des Galilei«: »Unglücklich das Land, das Helden nötig hat.« Mir kamen die so oft gehörten Kriegserzählungen meines Großvaters in den Sinn, und auf einmal begriff ich, was für ein Glück es war, dass ich zu Hause diesen alten Mann hatte, der immer dieselben Geschichten endlos wiederholte. So schrieb ich als Aufsatz einen Bericht über seine Flucht von der Front während des Ersten Weltkriegs.

Im zivilen Leben war mein Großvater Maschinenschlosser, und deshalb wurde er als Soldat ins Pionierkorps gesteckt, obwohl er als ältester Sohn einer verwitweten Mutter eigentlich hätte freigestellt werden müssen. Er hatte gerade erst begonnen, ein bisschen Geld zu verdienen und seine Mutter damit ein wenig zu entlasten,

»aber das zählt nicht, wenn das Land Kanonenfutter braucht«, sagte er. Der Krieg verschlug ihn von der Textilfabrik, wo er für die Wartung der Webstühle zuständig gewesen war, in eine raue Gebirgslandschaft, wo er Tunnel in den Felsen bohren und für die Panzerfahrzeuge Straßen ebnen musste. Mein Großvater war für die Truppe eine zu kostbare Ware, um in vorderster Front verheizt zu werden, und das war sein Glück: So konnte er die Jahre seines Kriegsdienstes in der Etappe verbringen. Die Arbeit war sehr hart, ebenso das Klima. Die Stiefel aus Pappe und die dünnen Mäntel halfen nicht viel gegen die Kälte, aber zumindest musste er nicht jeden Tag seine Haut riskieren.

In Lebensgefahr brachte ihn hingegen ein Schluck Wasser aus einem Bach, der aus einer Bergflanke austrat. Nachdem mein Großvater seinen Durst gestillt hatte, wurde ihm bewusst, was er da getrunken hatte: Das Wasser floss unter dem Soldatenfriedhof hindurch, in dem die Toten von der Front in schlichten Leichensäcken beerdigt wurden. Schon kurz darauf wand er sich in Krämpfen. Im Militärlazarett wurde er mit irgendeinem wirkungslosen Allheilmittel abgespeist. Er konnte den zerkochten Reis mit steinhartem Schafskäse nicht mehr essen. Im Fieberwahn kauerte er sich auf dem Boden zusammen und vergaß sogar die paar Stunden Freiheit während des Ausgangs, die er immer in der Trattoria im Tal saß, obwohl ein »Bastard von einem General« den Soldaten verboten hatte, sich zu setzen. Einer von ihnen musste jetzt immer an der Tür Wache stehen, damit seine Kameraden im Sitzen essen konnten.

Ausgezehrt von Durchfall und Erbrechen, erwartete mein Großvater nur noch den Tod, und mit seiner letzten Kraft bat er seine Kameraden, seiner Mutter zu schreiben, aber auf keinen Fall die Umstände seines Todes zu erwähnen: Sie möchten sich bitte ein ehrenvolleres Ende einfallen lassen. Doch einer seiner Kameraden konnte die Qualen nicht länger untätig mit ansehen. Er verschwand einen ganzen Tag lang im Gebirge und kam mit einer Flasche Milch und sechs Eiern zurück. Dieses Manna verrührte er in seinem Helm und flößte es dem Sterbenden ein, der daraufhin nicht endgültig verschied, sondern wundersamerweise genas.

Kaum dem Tod entronnen, fand mein Großvater bald auch seinen Humor wieder. Eines Tages, als er damit beschäftigt war, seine Pistole zu reinigen, setzte sich ein sizilianischer Kamerad zu ihm. »Meine Frau betrügt mich«, kommentierte mein achtzehnjähriger, unverheirateter Großvater seine Tätigkeit. »Sobald ich Urlaub habe, gehe ich hin und bring sie beide um, sie und ihren Liebhaber!« Und der andere darauf: »Bravo, du bist ein richtiger Mann!«

Es verbreitete sich die Nachricht vom Angriff der »Deutschen«. Jeder kannte ganz genau den Tag und die Stunde. Munition, Kanonen und Nachschub aller Art wurden in Kolonnen auf den von den Pionieren planierten Straßen an die Front befördert: Man bereitete sich auf die große Offensive vor. Dann waren der Tag und die Stunde gekommen. Sogar in der Etappe konnte man nicht mehr atmen und sah um sich nur dichten Pulverqualm. Man konnte unmöglich an Ort und Stelle ausharren. Mein Großvater und seine Kameraden berieten, was zu tun sei: sich ergeben oder fliehen? Die zweite Lösung setzte sich durch. Den vier Soldaten auf dem Rückzug schlossen sich bald jene an, die von der Front getürmt waren. Der Feind hatte nichts weiter zu tun, als unsere brandneuen Kanonen herumzuschwenken und den Fliehenden die Hölle hinterherzuschicken.

»Feiglinge, Verräter, macht sofort wieder kehrt!«, empfing sie eine Gruppe von Offizieren, die sich bereits unten im Tal befanden und offensichtlich beizeiten die Flucht ergriffen hatten. Schon am Vortag, versicherte mir mein

Großvater, sei in der Gefechtszone nicht der Schatten eines Generals zu sehen gewesen.

Mein Großvater floh aus dem Krieg, der nicht seiner war, in den man ihn unter Zwang geschickt hatte, ohne ihm auch nur die Nationalität des Feindes zu nennen, geschweige denn die Kriegsgründe. Er glaubte nicht an die Tugend des Gehorsams, er scherte sich nicht um Befehle und nicht um Befehlshierarchien, sondern hörte nur auf sein Gewissen. Fünfundzwanzig Jahre später zog er freiwillig in den Krieg: ohne Uniform, in den Bergen.

»Ein Land, das Helden nötig hat, ist ein Land der Untertanen, das den Widerstand gegen Verbrechen und Ungerechtigkeiten den wenigen Selbstlosen überlässt«, schrieb ich in meinem Schulaufsatz. Und nachdem ich von Großvaters Flucht aus dem Großen Krieg berichtet hatte, beschrieb ich, wie er den kleinen Krieg begann, den Partisanenkrieg für die Befreiung von der Tyrannei. Und ich schloss mit den Worten: »Er wusste, wann es sich lohnte, das Leben aufs Spiel zu setzen, und wann es sinnvoller war, es für schlechtere Zeiten zu bewahren.«

Die Zeiten zum Beispiel, in denen Italien und Deutschland beide unglückliche Länder waren.

In Deutschland geboren

Edith, meine künftige Schwiegermutter, wohnte allein in einem Reihenhaus in Neumünster, einer norddeutschen Kleinstadt, die im Krieg zum größten Teil zerstört wurde und sich heute vor allem durch ihre Tristesse und Bedeutungslosigkeit auszeichnet. Für Edith war das Fernsehen eine Gewohnheit, von der sie auch dann nicht ablassen konnte, wenn sie echte Gesellschaft bekam. Wir saßen nebeneinander, der Apparat warf ein flackerndes, überflüssiges Licht ins Wohnzimmer. Auf einmal liefen Aufnahmen aus den KZs über den Schirm.

Ich weiß nicht mehr, welcher Dokumentarfilm ausgestrahlt wurde, in meiner Erinnerung vermischen sich diese Bilder mit den vielen anderen, die ich in mehr als zehn Jahren Deutschland zu sehen bekam. Damals aber sah ich zum ersten Mal gefilmte Zeugnisse des Holocaust: lebende Leichen, die sich gerade noch auf den Beinen hielten, menschliche Überreste, in Schlamm und Schnee aufeinander gestapelt. Eine Szene aus dem Film »Die bleierne Zeit« von Margarethe von Trotta kam mir in den Sinn, den ich viele Jahre zuvor in Italien gesehen hatte: Als in einer Schule oder Universität ein alter Film über die KZs gezeigt wurde, mussten mehrere Schülerinnen oder Studentinnen den Raum verlassen, um sich auf der Toilette zu übergeben.

Ich war schockiert, saß wie festgenagelt auf dem geblümten Sofa neben dieser älteren Deutschen, die ihre grauen Haare zusammen mit einem Haarteil unter einem unsichtbaren Netz aufgesteckt trug. Auf dem Glastisch mit vergoldeten Beinen dampfte der Tee in Tassen aus zartem weißem, mit Efeublättern bemaltem Porzellan. Später würde ich mit echtem Silberbesteck zu Abend essen. Edith bewahrte es in einer besonderen Schublade auf, in der Messer und Gabeln zur Schonung einzeln in einer samtbezogenen Halterung steckten. Jahrelang musste ich mit ihr kämpften, um nach dem Essen das Silberbesteck spülen zu dürfen, denn meine Schwiegermutter fürchtete, es könnte unsachgemäß zusammengelegt und damit beschädigt werden.

Ich sah diese Leichen, die nur Haut und Knochen waren, die meisten ordentlich übereinander gelegt, einige noch vereinzelt im Schnee. Sie hatten rasierte Köpfe und ausgemergelte Gesichter. Grauenhafte, unfassbare Bilder. Bei dem Anblick entfuhr mir ein Satz, der wie ein Aufbäumen des Magens war: »Wie gut, dass ich nicht in diesem Land geboren bin!« Es war kein Satz, es war ein Skandal. Hätte ich ihn nur nie gesagt. Edith reagierte instinktiv, beinahe empört, und sagte stammelnd: »Wir haben nichts davon gewusst!« Als spräche sie im Namen eines ganzen Volkes.

Ein paar Jahre später hörte ich im privaten Kreis die Aussage eines älteren Herrn, der nur ein wenig jünger als meine Schwiegermutter war. »Ich war zehn, als ich diese Güterwaggons sah, sie standen im Bahnhof in unserem Dorf. Ich erinnere mich an die Arme, die sich herausstreckten, um nach dem Wasser zu greifen, das die Wachen verteilten … Ich erinnere mich an alles, die gelben Sterne, die Menschen, die über Nacht verschwanden. Ich war zehn, und als ich meine Mutter fragte, was die Sterne bedeuteten, sagte sie, darüber dürften wir nicht sprechen.«

Ich kannte Ullis Mutter seit zwei Jahren, und wir hatten nie darüber gesprochen.

Ihre Vergangenheit hingegen war sehr wohl Gesprächsthema gewesen, mehrfach sogar. Sie war sehr stolz, dass sie immer noch Englisch konnte, das sie als Angestellte der Besatzungsverwaltung in der britischen Zone gesprochen hatte. Einmal erzählte sie mir von ihrer Zeit in Dänemark: Eineinhalb Jahre hatte sie als junges Mädchen während des Krieges in dem von den Deutschen besetzten Land gelebt und bei der dort stationierten Abteilung der Luftwaffe gearbeitet. »Es war die schönste Zeit meines Lebens«, sagte sie. Auch bei dieser Gelegenheit konnte ich mich nicht rechtzeitig bremsen und sagte, es gebe gewiss nicht viele, die die Kriegsjahre in so guter Erinnerung hätten.

Natürlich sprach sie über *ihre* Vergangenheit, als sie jung war und von ihren Altersgenossen hofiert und bewundert wurde. Deshalb seufzte sie. Aber ich konnte nicht umhin, dabei an *meine* Mutter zu denken, die ihre Jugend in Angst vor den Überfällen der Faschisten und Nazis auf ihr Elternhaus, in der Furcht vor Repressalien verbracht hatte. Ich dachte auch an die Jugend von Lelia, der Mutter meiner Freundin Nadia. Lelias Bruder war von den Faschisten gefoltert und erschossen worden, und sie trug bis heute das Grauen des Verlustes in sich. Doch einmal, in Hamburg, sagte Lelia zu mir, sie habe nie Hass empfunden. Ihre Trauer übertrug sich zwangsläufig auf ihre Tochter, die Deutsch lernen wollte und dem Land viel Sympathie entgegenbrachte. Als Nadia ihr dann ihren deutschen Freund vorstellte, akzeptierte ihn die Familie, weil er, wie Nadias Vater sagte, »ein echter Antifaschist« sei. Und hätte der Vater länger gelebt, so hätte er die Ehe seiner Tochter mit Benni sicher gebilligt. Benjamin hat einen Dokumentarfilm über den Schriftsteller und Künstler Bruno Schulz gedreht, einen polnischen Juden, der während der NS-Besetzung Polens umgebracht wurde. Nadia kann leider nicht alle Szenen des Films »Bilder finden« sehen, weil sie es nicht erträgt, bestimmte Aussagen zu hören, und beizeiten den Raum verlassen muss, damit ihr nicht übel wird.

Eine Szene aus diesem Dokumentarfilm hat mich besonders berührt. In der Ukraine wird ein alter polnischer Jude gefragt, ob er denn nicht nach Deutschland gehen könne; nach dem Krieg hatte er dort eine Zeit lang in einem DP-Lager gelebt, das die Alliierten für »displaced persons«, das heißt KZ-Überlebende, eingerichtet hatten.

Deutschland nimmt seit 1991 jedes Jahr Tausende Juden vor allem aus der ehemaligen Sowjetunion auf, wo die wirtschaftliche Lage noch sehr schwierig ist. Vor allem die Älteren, die in ihrer Jugend verheerende Zustände überlebt haben, bekommen in Deutschland die medizinische Versorgung, die sie sich in ihrer Heimat nicht leisten können. In Benjamins Film antwortet der alte Mann seinem deutschen Gesprächspartner: »Wir könnten ohne weiteres nach Deutschland auswandern, aber wir wollten es nicht.« Und er fügt hinzu: »Hier ist meine Mutter erschossen, hier sind meine Verwandten erschossen, hier bin ich geboren, und in Deutschland … ich wollte nicht in Deutschland sterben.«

Im Winter 1995 kam meine erste Tochter zur Welt, und ich ging jeden Tag mit dem Kinderwagen in einer Schrebergartenkolonie spazieren. Die Gärten erinnerten mich an die bebauten Parzellen am Flussufer oder entlang den Bahngleisen, auf denen bei uns in den Industriestädten Norditaliens die Süditaliener Gemüse anpflanzen. Doch statt Tomaten und Bohnen säen die deutschen Kleingärtner Hunderte verschiedener Blumenarten, die sie mit geradezu fanatischer Hingabe pflegen. Sie achten darauf, dass die Blütenfarben regelmäßig wechseln, dass die Rasenflächen mit einer exakten Kante abschließen und die Hecken, die als Einfassungen dienen, ebenso präzise geschnitten sind. Im Frühjahr durchbrechen die elektrischen Kettensägen den Frieden, die die Anarchie der Hecken zu kantigen Konturen bändigen, und im Herbst säubern die dröhnenden Laubsauger den Rasen von den abgefallenen Blättern. Im Winter aber kann man hier ungestört spazieren gehen. Während der tödlichen Langeweile dieser Spaziergänge begegnete ich häufig einigen alten Damen, die sich auf den geraden Wegen zwischen den Gärten ihre tägliche Bewegung verschaffen, gleichgültig gegen Winterkälte und die Unbilden des Klimas. Manche stützen sich dabei auf einen Stock, andere auf eine dreirädrige Gehhilfe. Es ist die Generation deutscher Frauen, die Knochen aus Stahl und Herzen aus Eis gebraucht hätten, um den Ereignissen gewachsen zu sein. Es waren vor allem sie, die ohne Männer Deutschland wieder aufbauten, auf den Feldern arbeiteten, die Mühlräder zum Drehen brachten, die Webstühle in Gang setzten, die Läden führten und aus den Trümmern der zerbombten Städte die Ziegelsteine bargen, aus denen die neuen Häuser gebaut wurden.

Eines Tages setzte sich im trüben Licht des nordischen Himmels eine alte Dame zu mir auf die Bank. Ich weiß nicht mehr, wie wir auf das Thema kamen, jedenfalls unterhielten wir uns über das Fernsehen. Im Januar 1995 jährte sich die Befreiung von Auschwitz zum fünfzigsten Mal, und das Fernsehen strahlte viele Dokumentarfilme und Debatten zum Thema aus. Ich fragte sie vorsichtig, wann sie von den KZs erfahren habe. Zu meiner Überraschung zögerte sie keinen Moment: »Im Krieg«, sagte sie, als bestätigte sie einen Gemeinplatz. Und fügte hinzu: »Alle wussten es, es lag in der Luft.«

Das vagabundierende Meer

Vor sehr langer Zeit stellte ich mir Deutschland als Industrielandschaft vor, als ein Gewirr rauchender Fabrikschlote wie die Chemiehölle BASF in Ludwigshafen oder eine von Kohlenbergen überragte Landschaft wie in dem Film »Solino« von Fatih Akin, der im Ruhrgebiet spielt: die Geschichte einer italienischen Familie und ihrer Trattoria. In Wirklichkeit sind die inzwischen stillgelegten Gebäude der Bergbauindustrie heute Fundstücke der Industriearchäologie, wurden renoviert und bieten nun ein Forum für die bildenden Künste, Theater und Musik, und das ausgeweidete Innere dieser dicht besiedelten Erde wurde barmherzig mit Wiesen und Wäldchen zugedeckt.

Doch das ausgedehnteste und leuchtendste Grün, das ich je gesehen habe, hat mich im äußersten Norden geblendet, wo Deutschland endlich auch an zwei Meeren endet. Dieses Land hat einen für Italiener unaussprechlichen Namen. Schleswig-Holstein: Lippen und Zunge vollbringen bewundernswerte Kunststücke, um die Laute hervorzubringen, die zwischen den Zähnen ins Stocken zu geraten oder im Speichel zu kentern drohen. Es dauerte acht Monate, bis ich den Namen sagen konnte, aber nur wenige Ausflüge, bis ich von der herben Schönheit des Landes eingenommen war.

»Moin, Moin!« So begrüßen sich die wortkargen Bewohner des germanischen Nordens auch am Abend. Besonders schweigsam sind die Anrainer der Nordsee. Hier ist die Erde ein feiner Teppich unter dem Himmel, über dessen grenzenloses Gewölbe immerfort Wind und Wolken ziehen, während das ständig wechselnde Licht die Farben der Erde immer wieder neu mischt. Hier schöpfte Emil Nolde das Kolorit seiner Landschaften. Sie sind in einem eigenen Museum in Seebüll ausgestellt. Wunderschön ist die Sammlung der Aquarelle, der »ungemalten Bilder«, die hier entstanden sind, nahe der dänischen Grenze, wo Nolde zu einer Zeit lebte, in der die Nationalsozialisten seine Himmel für entartet erklärt hatten. Das Regime hatte ihm zu malen verboten, weshalb sich Nolde auf Aquarelle verlegte.

Ich erinnere mich an eine alte geografische Darstellung Europas, die ich in der Stadtbibliothek von Venedig gesehen habe. Das bewundernswerte Werk eines Mönchs aus dem fünfzehnten Jahrhundert ist mit einem Samtvorhang vor Staub und Licht geschützt und wird in einem dem Publikum normalerweise unzugänglichen Bereich aufbewahrt. Ich wurde dank meiner Freundin Denise eingelassen, einer Bibliothekarin in New York, für die venezianische Kollegen eine Führung improvisierten, und so entdeckte auch ich diesen geografischen Schatz. Deutlich erkannte ich die Umrisse meines Landes. Unwillkürlich suchte ich nach Schleswig-Holstein, aber zu meiner Überraschung hatte der Kartograf die flachen Länder des deutschen Nordens, Dithmarschen und Nordfriesland, vergessen: An ihrer Stelle war nur Meer. Aber vielleicht war es gar kein Fehler, dachte ich und versuchte, eine plausible Erklärung zu finden. Damals waren diese Gebiete noch nicht ganz dem Meer entrissen: Das geschah erst durch die Deiche, deren Bau die einheimische Bevölkerung, wie ich erfuhr, im siebzehnten Jahrhundert dank der technischen Unterstützung holländischer Ingenieure perfektionierte. Damals ragten bei Sturmflut nur spärliche Behausungen auf Sockeln aus festgetretener Erde aus dem Salzwasser. Zum Schutz vor den heftigen Windstößen umstand ein Wall aus Bäumen die reetgedeckten Backsteinhäuser. Getrockneter Kuhmist war der einzig verfügbare Brennstoff, die Menschen starben vor allem an Rheuma und Tuberkulose, und nur wenige hatten das Glück, älter als vierzig zu werden.

Wenn ich nach Gründen für den kulturellen Niedergang in meiner Heimat suche, denke ich an diese »geografische Karte«. Was wollt ihr, sage ich zu meinen norddeutschen Freunden, wenn sie in streitbarer Stimmung sind. Als in Italien die Renaissance blühte, hattet ihr noch nicht einmal durchsichtiges Fensterglas, hattet kein Holz zum Heizen, und eigentlich hattet ihr nicht mal Land, auf dem ihr gehen konntet … Italien hat (mindestens) fünfhundert Jahre Dekadenz hinter sich, während ihr noch eine junge

Kultur seid. Das italienische Straßennetz wurde vor zweitausend Jahren von den Römern angelegt, während ihr im neunzehnten Jahrhundert noch Wasserwege benutzen musstet, um von einem Ort zum anderen zu gelangen, und gerade erst von den Holländern gelernt hattet, dass man aus Milch Käse machen kann.

An einem Sonntag im August fuhr ich mit einem Freund aus Rom auf die kleine Halbinsel Eiderstedt in Nordfriesland. Ich wollte meinem Gast das wunderbare Schauspiel des Sonnenuntergangs über dem Wattenmeer zeigen. Wir fuhren am späten Nachmittag von Hamburg los, und ich besorgte mir unterwegs einen Gezeitenkalender, um zu erfahren, wann dieses vagabundierende Meer kommt und geht. Wir waren ganz in der Nähe des Wassers, doch obwohl uns nur noch wenige Meter davon trennten, sahen wir es nicht. Wie denn auch – zwischen uns und dem Meer erhob sich die Krone des Deichs, der das Land vor dem Ansturm der wütenden See schützt. Und ich hatte mir diese Deiche immer als mächtige Mauern vorgestellt! Denn im Italienischen gibt es keine unterschiedlichen Bezeichnungen für die niedrigen, weichen Erdwälle, die Deiche, und die großen Mauern, die Staudämme, weshalb ich in der Schule, wenn von nordischen Ländern die Rede war, immer Mitleid mit der einheimischen Bevölkerung empfand, die ich mir lebendig eingemauert vorstellte, dazu verdammt, das Meer nie zu sehen, sondern immer nur als bedrohliche Präsenz zu spüren.

Mein Freund und ich stiegen auf die runde Kuppe des Deichs und begegneten dort einer Schafherde, die fleißig damit beschäftigt war, den Erdwall noch fester zu treten. Die Schafe trügen viel zur Konsolidierung des Walls bei und würden dafür mit dem delikaten Geschmack des salzreichen Grases belohnt, das sie bei der Arbeit fräßen, erklärte ich meinem südländischen Gast im kundigen Ton einer nordfriesischen Fremdenführerin.

Vor uns erstreckte sich eine flache, reglose Wasserwüste, auf der der Himmel schwamm. Das offene Meer war nur eine ferne Ahnung am Horizont. In dieser Richtung liege die Sandbank von Westerhever, sagte ich Gino. Um dorthin zu gelangen, erwartete uns eine lange Wanderung im knietiefen Wasser: In etwa einer Stunde würden wir den Sandstreifen erreichen, den die Flut einmal am Tag in eine kleine Insel verwandelt.

Diese exotische Natur versetzte Gino in Entzücken. Es war, als hätte sich rund um unsere Beine der Himmel verflüssigt. Wir waren ergriffen von dem großartigen Schauspiel. In Eiderstedt sei Hochsaison, erklärte ich meinem Freund. Er erfasste mit einem einzigen Blick die spärlichen menschlichen Gestalten, die hier auf die große Feuersbrunst am Ende des Tages warteten. Gino, der mit weit ausholenden Schritten durchs Wasser stapfte, schien in völligem Einklang mit dieser nordischen Natur zu sein; deshalb zündete er sich eine kubanische Zigarre an und genoss es in vollen Zügen, sich den Mund mit Rauch und die Augen mit dieser unermesslichen Weite zu füllen. Allerdings muss ich zugeben, dass wir die Stille der Landschaft nicht uneingeschränkt würdigten, weil wir unterwegs ohne Unterbrechung plauderten. Wir hatten uns jahrelang nicht gesehen und hatten uns viel zu erzählen. Nur wenn wir hin und wieder einem einsamen Wanderer begegneten, der von der Sandbank zurückkehrte, sprachen wir leiser – vielleicht aus Scheu, seine andächtige Versenkung zu stören, ihn aus seiner kontemplativen Stimmung zu reißen. Diese Wanderer führten ein stummes Zwiegespräch mit der grenzenlosen Landschaft, die wie dazu geschaffen ist, den Horizont des Geistes zu erweitern. Sie atmeten tief die gesunde, heilsame Luft ein und schritten auch gegen den Widerstand des Wassers zügig aus.

Wie oft bin ich in Deutschland solchen einsamen Wanderern begegnet, die schnellen Schritts viele Kilometer entlang der Küste zurücklegten, gleichgültig gegen Wind und Regen, der in dieser Gegend nie senkrecht vom Himmel fällt (»Wir sind nicht aus Zucker«, lautet ein Spruch aus jenen regnerischen Breiten). Alle sind auf der Suche nach sich selbst im Dialog mit der Natur, die sie in ihre weiten Arme nimmt.

Alleinsein als Wert, die Natur als Gegenüber für die eigenen Selbstgespräche: Ich verstehe die Idee und schätze sie, doch mir als Südländerin bleibt sie abgrundtief fremd. Die Natur spricht eine Sprache, die ich nicht entschlüsseln kann, der Wind macht mich nervös, aus einem Wald möchte ich schleunigst wieder hinaus, so wie ich es eilig habe, von einem Ort voller Schatten möglichst bald fortzukommen. Wandern langweilt mich ohne die Gesellschaft wenigstens eines zweiten Menschen, der an meinen Gedanken teilnimmt und mir die seinen anvertraut.

Als die Sonne untergegangen war, kehrten Gino und ich zum Festland zurück. Wir kamen jetzt leichter voran, weil das Meer sich zurückzog und das Wasser uns nur noch bis zum Knöchel reichte. Ich wollte mit meinem römischen Freund zum Roten Haubarg, einem reetgedeckten Gebäude aus dem sechzehnten Jahrhundert, in dem es ein Restaurant gab. Mühsam suchte ich im spärlichen Licht der Dämmerung den Weg, und nachdem ich mich ein paarmal verfahren hatte, waren wir endlich am Ziel. Aber es war bereits 22.15 Uhr. Eine Viertelstunde zu spät, die Küche war ab zehn geschlossen. Ich versuchte, bei den Wirtsleuten Mitleid zu erregen, schmeichelte ihnen und erklärte, dass mein Gast eigens von so weit her gekommen sei und wir uns auch mit einem Salat begnügen würden. Es half nichts. Enttäuscht machten wir uns auf den Weg nach Tönning, einem hübschen großen Dorf mit kleinem Hafen und einem der touristisch am besten erschlossenen Orte der Gegend. Doch auch dort ließen die Lokale, die zu der Zeit noch geöffnet waren, keine Gäste mehr ein, wir bekamen nichts zu essen, nicht einmal ein Fischbrötchen. In einem Fremdenverkehrsort an der Nordsee an einem herrlichen, lauen Samstagabend im August, mitten in der Hochsaison, wenn der Himmel um elf Uhr nachts immer noch blassblau ist, herrschte nahezu Friedhofsruhe. Sogar die Betrunkenen, die mit ihren Bierdosen in der Hand auf den Bänken saßen, waren ehrfürchtig still.

Gino prägte dazu den denkwürdigen Satz: »Wie hat es dieses Volk bloß geschafft, die industrielle Revolution zu machen?« Ich musste so lachen, dass ich ins Auto floh, um nicht das ganze Dorf aufzuwecken. Ich lachte, bis ich nicht mehr konnte, angestachelt von der Müdigkeit und wahrscheinlich auch vom Hunger.

Deutsch ist Arabisch

Meine Mutter war nie in der Welt herumgereist. Das Weiteste war eine Fahrt im Nachtzug nach Paris gewesen, das klassische Ziel aller Turiner Klassenfahrten und Hochzeitsreisen. Für meine Familie dehnte sich nördlich der Alpen eine undifferenzierte Fläche – und auf einmal musste sie sich ausmalen, wie ich tausend Kilometer jenseits der Alpen lebte, zweifellos in unmittelbarer Nähe des Nordpols.

So wurde das Flugzeug zum unverzichtbaren Transportmittel. Man musste immer in Amsterdam umsteigen, in jenen Niederlanden, die uns in der Schule als ständig von Überflutung bedroht präsentiert worden waren.

Als mein Vater in Hamburg gelandet war, dem höchsten ihm bekannten Norden, weigerte er sich, in der Stadt spazieren zu gehen, weil er fand, jetzt, zur Weihnachtszeit, könnten sich nur Rentiere und Robben draußen wohl fühlen. Unsere Wohnung verwandelte sich in eine tropische Oase, in der ein feuchtwarmes Klima wie in einem Gewächshaus im Botanischen Garten herrschte. Die Radiatoren heizten mit voller Kraft, die Fenster waren ständig beschlagen. Diese Umweltbedingungen ließen meiner Mutter und mir Spaziergänge im Freien und dem Schwiegersohn den Besuch im Schachcafé höchst erstrebenswert erscheinen.

»Wer hätte gedacht, dass ich als alte Frau noch auf Reisen gehen würde, noch dazu nach Deutschland«, pflegte meine Mutter nicht ohne Selbstgefälligkeit zu sagen. Jetzt überquerte sie unbefangen die europäischen Grenzen, sogar ohne ihren Ehemann, der lieber zu Hause, in seiner natürlichen Umgebung, blieb.

In Hamburg ging meine Mutter oft allein in den Supermarkt zum Einkaufen, wo Frau Ricci arbeitete, eine Deutsche, die zwanzig Jahre mit ihrem italienischen Mann, einem einstigen Gastarbeiter in Hamburg, in den Marche gelebt hatte; bei ihr konnte sie auf Italienisch bestellen.

Auch mit dem türkischen Obst- und Gemüsehändler wurde meine Mutter rasch vertraut. Das erste Mal gingen wir zusammen hin, und ich stellte sie dem jungen Händler vor. »Sprechen Sie Deutsch?«, wollte er wissen. Meine Mutter hörte »Deutsch« heraus, deutete seine Frage richtig und sagte, nein, für sie sei Deutsch wie Arabisch. Bei dem Wort »arabo« fühlte sich wiederum der Gemüsehändler genötigt zu erklären, seine Sprache sei Türkisch, nicht Arabisch. Ich musste eingreifen, um weitere Missverständnisse zu verhindern, und erklärte, im Italienischen werde alles besonders schwer Verständliche als »Arabisch« bezeichnet. Wie ein Deutscher »nur Spanisch versteht«, wenn er eben nichts versteht.

Meine Mutter ging gern auf Entdeckungstour durch die Stadt, die sie einmal in einem Mai mit ihren blühenden Rhododendren und Kastanien entzückt hatte. Gemeinsam besuchten wir Museen und hörten in der Oper ihren geliebten Puccini. In die Oper begleitete uns meine Schwiegermutter, die sich an diesem Abend angesichts der schwarzen Kleidung meiner Mutter erkundigte, ob sie in Trauer sei. Um des guten Verhältnisses der beiden Damen willen hielt ich es für angebracht, die Bemerkung meiner Schwiegermutter bei der Übersetzung in ein herzliches Kompliment über die Eleganz meiner Mutter zu verwandeln.

Wir besuchten auch ein Konzert mit Chören aus Verdi-Opern in der Musikhalle. Am Ende der Aufführung erschrak sie entsetzlich, als sie ein Donnergrollen vernahm und den Boden beben fühlte. Sie dachte an ein Erdbeben, aber es war das Publikum, das seiner Begeisterung Ausdruck verlieh, indem es nicht nur applaudierte, sondern auch mit den Füßen auf den Holzdielen trampelte.

Während ihres Besuchs kehrte eine Fotoausstellung in die Stadt zurück, die von Hamburg aus jahrelang durch Deutschland gezogen war: »Vernichtungskrieg – Die Verbrechen der Wehrmacht 1941 bis 1944«. Sie erregte überall sehr viel Aufsehen, weil die Deutschen sich immer gern eingeredet hatten, Verbrechen seien nur von der SS begangen worden, während die Wehrmacht sich korrekt verhalten habe. Sogar meine Mutter sprach nicht schlecht über die Wehrmachtssoldaten: »Das waren Familienväter, schon reife Männer, wirkliche Herren«, sagte sie und nahm meinen Vorschlag, die Ausstellung gemeinsam zu besuchen, gern an. An einem Sonntagnachmittag machten wir uns auf den Weg in die Innenstadt. Sie traute ihren Augen nicht. Vor dem Gebäude standen die Leute Schlange. Wir mussten eine gute halbe Stunde in der Kälte warten, bis wir zum Eingang vorgerückt waren. Meine Mutter betrachtete die Fotos von Juden, die einen Moment, bevor die Gewehrsalven sie in die eigenhändig ausgehobenen Gräben stürzen ließen, aufgenommen worden waren; sie sah die Fotos von gehenkten jungen Partisanen an der russischen Front; die Bilder von alten Juden, denen die Deutschen die Bärte abschnitten, um sie zu demütigen – ein offensichtlich amüsanter Zeitvertreib für die Soldaten, die in die Kamera grinsten.

Ich übersetzte die Texte über die Beteiligung der Wehrmacht an den Verbrechen der Elitetruppen, die Zahlenangaben über die Hungertoten in der Sowjetunion und vor allem in der Ukraine, der einstigen Kornkammer der UdSSR, nachdem die Deutschen dort alles geplündert hatten, was sie fanden, das Vieh eingeschlossen.

Ich sah, wie meine Mutter die Ausstellungsbesucher musterte, die sich in den Räumen drängten, all diese Leute, die geduldig Schlange gestanden hatten, um sich über die Gräueltaten zu informieren, die frühere Generationen anderen Völkern zugefügt hatten. Sie bekam großen Respekt vor dem erst kürzlich von ihr entdeckten Deutschland der Gegenwart, das sich allmählich über das in ihrem Gedächtnis eingebrannte andere Deutschlandbild legte.

Als mein Großvater starb, begleitete mich Ulli zu seinem Begräbnis, worüber sich meine Mutter sehr freute. Mein deutscher Freund war beeindruckt, als er sah, dass mein Großvater noch in seinem Schlafzimmer lag, um seine Freunde und Verwandten zu empfangen, die dort von ihm Abschied nahmen. Seine Tochter und die anderen Frauen im Haus hatten ihn gewaschen und gekämmt, hatten ihm das Gebiss richtig eingesetzt und seinen gekrümmten, knochigen Körper in den vornehmsten Anzug gekleidet. Dann brachten wir ihn ins Krematorium und versammelten uns dort in einem Saal, um seinen alten Knochen die letzte Ehre zu erweisen. Ich hatte eine Freundin gebeten, mir »La danza delle ore« aufzunehmen, Großvaters Lieblingsstück, und gab die Kassette dem Angestellten des Krematoriums, damit er die Musik abspielte, während wir des Toten gedachten. Aber irgendwas funktionierte nicht richtig, und auf einmal dröhnten Techno-Klänge durch den Saal, die uns alle vor Entsetzen erstarren ließen. Im ersten Moment stiegen mir Tränen der Wut in die Augen, doch gleich darauf musste ich lächeln, als ich mir vorstellte, was mein Großvater dazu gesagt hätte: »Tutte americanate!«

Es blieb nur ein Häufchen Asche von ihm übrig, das in eine Metallschachtel gefüllt wurde. Nie hätte ich mir träumen lassen, dass ich meinen Großvater eines Tages in den Armen tragen würde. Am Tag seiner Beisetzung trug ich ihn durch die Straßen von San Giorio, hinter der Blaskapelle des Dorfes her, die einen Trauermarsch erklingen ließ. Hin und wieder spielte sie falsch, und je häufiger die Misstöne kamen, desto mehr schnürte mir die Musik die Kehle zu.

Ulli war zurückgeblieben. Er ragte zwischen verschiedenen Verwandten in die Höhe, neben ihm ging Sergio, ein alter Vetter meines Großvaters, der unter den Faschisten wegen seiner Aktivität gegen das Regime drei Jahre im Gefängnis gesessen hatte. Ich trug die Schachtel abwechselnd mit meinem Onkel Carlo, der als sehr junger Mann mit seinem Vater Partisan in den Bergen gewesen war.

Am Friedhof hielt der Bürgermeister mit der Trikolore um den runden Bauch eine Rede auf den Toten, den ersten Bürgermeister des Dorfes nach der Befreiung. So erhielt mein Großvater den weltlichen Segen derer, die ihm für alles dankten, was er in einer Zeit der Hölle auf Erden für die Sterblichen im Diesseits getan hatte. Nach dem letzten musikalischen Gruß wurde mein Großvater im Familiengrab beigesetzt, an der Seite seiner Caterina, die seit zehn Jahren auf ihn wartete.

Die Gesellschaft ging auseinander, aber die wenigen Verwandten und engen Freunde kehrten nicht in trüber Stimmung und mit schwerem Herzen nach Hause zurück, wie es sonst üblich gewesen wäre. Warum nicht nach der

Beerdigung noch zusammenbleiben, wie es die Deutschen tun? Mein Vorschlag hatte meiner Mutter gefallen.

Also gingen wir in die Dorf-Trattoria, wo ein langer Tisch für uns gedeckt wurde. Und augenblicklich erfasste uns eine ruhige Heiterkeit. Onkel Carlo setzte sich neben Ulli und begann ihm von seinen Taten als Partisan zu erzählen, die im Lauf der Zeit immer heroischer und staunenswerter geworden waren. Wie hätte es dem Großvater gefallen, bei uns zu sitzen! Nur sein Tod brachte es zuwege, dass wir uns alle noch einmal, zum letzten Mal, zusammensetzten und die Misshelligkeiten und Streitereien vergaßen, die viele Familien früher oder später vergiften.

Einmütig stießen wir miteinander an: auf den Großvater, den Vater, den Bruder, den alten Idealisten, den Säer des Salzes. Auch der deutsche Schwiegerenkel hob sein Glas, und die Geste rührte mich: Einen Moment lang gab ich mich dem Glauben an die Harmonie zwischen Familien hin. Und an die Verbrüderung der Völker.

Nie ein Nazi gewesen

»Ich bin nie ein Nazi gewesen«, sagte Hermann an einem Sommernachmittag zu mir. Wir saßen in der Sonne in seinem Garten, nur er und ich. Der leuchtend grüne englische Rasen war, wie immer in der warmen Jahreszeit, von Blumen jeglicher Farbe und Sorte eingefasst. Der Blick schweifte frei über die Kastanien hinweg in die Ferne, wo die zotteligen Gestalten der schottischen Rinder auf der Wiese standen und grasten. An diesem Frühsommertag würde die Sonne nicht vor zehn untergehen, die Dunkelheit erst gegen elf Uhr einsetzen, wenn die helle Nacht des Nordens den Himmel mit zartblauer Tinte einfärbt und das Funkeln der Sterne dämpft. Über den nordischen Sommerhimmel fliegen die Sternschnuppen unbemerkt, ohne bei den Menschen Wünsche zu wecken: Umsonst fallen sie in die Leere.

Die Sonne war noch warm und Hermann außergewöhnlich gesprächig. Ich hatte ihn gebeten, mir Kinderfotos von Ulli zu zeigen, aber er hatte das falsche Album gebracht, in das Bilder von einem jungen Mann in Militäruniform geklebt waren; auf den Schwarzweißfotos war das Hakenkreuz deutlich sichtbar.

»Ich bin nie ein Nazi gewesen«, sagte er. Dabei hatte er sich freiwillig zur Waffen-SS gemeldet. Er war ein gut aussehender junger Mann gewesen, zwei Meter groß: Männer wie er waren der Stolz des Regimes. Er war sechzehn Jahre alt, als er sich »kriegsfreiwillig« meldete. Zu diesem Zweck hatte er sogar seine Mutter getäuscht, der er eingeredet hatte, sie unterzeichne das Anmeldeformular für irgendeinen Sportverein; in Wahrheit gab sie ihre Zustimmung zur Einberufung ihres minderjährigen Sohnes: So jedenfalls erzählt es der alt gewordene Sohn heute, vielleicht, um die Mutter zu entlasten. Er wollte nicht zu Hause bleiben, während die anderen den Krieg gewannen.

In dem Album gab es auch ein paar Aufnahmen von uniformierten Männern, die sich zusammen mit Schweinen eines Bauernhofs hatten fotografieren lassen. Das sei in der Ukraine gewesen, ein Schwein hätten er und seine Kameraden zu Würsten verarbeitet, erzählte Hermann heiter, als berichtete er von einem Schulausflug. Und die ukrainischen Bauern, fragte ich, was haben sie dazu gesagt, dass ihr Würste aus ihrem Schwein gemacht habt? Waren sie geflohen? »Wo wir hinkamen, musste keiner fliehen«, versicherte mir mein Schwiegervater.

Durch den ruhigen Ton seiner Erzählungen verlor der Nationalsozialismus die erschreckenden Züge einer historischen Ungeheuerlichkeit und wurde zur banalen Routine, der sich praktisch niemand hatte entziehen können: nichts Besonderes, einfach die Mode der Zeit. Hermann erzählte mir, wie zornig ein jüdischer Mitschüler geworden war, als man ihm die Aufnahme in die Hitler-Jugend verwehrt hatte. Am 26. Januar 2002 erklärte Paul Spiegel, der Vorsitzende des Zentralrats der Juden in Deutschland, in einem Interview mit dem Berliner »Tagesspiegel«: »Wenn die Nationalsozialisten nicht den Hass auf die Juden geschürt hätten, dann wären vielleicht einige von ihnen sogar gute Nationalsozialisten geworden.«

Wenn Paul Spiegel das sagt, warum hätte ich an den Worten meines Schwiegervaters zweifeln sollen? Dann erzählte er mir von einer Begegnung während einer Zugfahrt nach dem Krieg. Er kam mit einem Mitreisenden im Abteil ins Gespräch, einem Dänen, Generalmusikdirektor der dänischen Militärkapelle, der außerdem Kommissar für die Entnazifizierung Norddeutschlands innerhalb der Institutionen der Alliierten gewesen war. Hermann verschwieg ihm nicht, dass er in der Waffen-SS gedient hatte. Als ihre Wege sich trennten, schlug der Däne zum Abschied die Hacken zusammen und sagte, er habe es zum ersten Mal erlebt, dass sich ein Deutscher offen zu seiner Vergangenheit bekenne.

Darüber empört sich auch Hermann: dass nach dem Krieg auf einmal keiner mehr da war, der je den Nationalsozialismus unterstützt hatte. »Dabei waren alle einverstanden, in ganz Neumünster gab es vielleicht zwanzig oder dreißig, die das ablehnten.« Diese Entrüstung lässt mich an den Zorn meines Großvaters denken. Wohin waren nach der Befreiung die begeisterten Massen verschwunden, die sich auf den Plätzen gedrängt hatten, wenn Mussolini und seine Handlanger Reden schwangen, ihre so genannten ozeanischen Versammlungen abhielten? Mit welcher Hast wurden die schwarzen Hemden, die Duce-Bilder und die Knüppel verbrannt! Von zwei unterschiedlichen Kanzeln aus schleuderten mein Großvater und mein Schwiegervater ihrem jeweiligen Volk dieselbe Anklage entgegen.

Meinem Schwiegervater hatte das Schicksal nicht die Gnade einer über jeden Verdacht erhabenen Herkunft beschert. Während der Ex-Kanzler Kohl auf die unselige Idee kam, sein Geburtsdatum vorzuschützen, um seine Schuldlosigkeit bezüglich der deutschen Vergangenheit zu belegen, hatte es Hermann nicht nötig, sich auf sein jugendliches Alter zu berufen. Er war in der SS gewesen und macht kein Hehl daraus. Ein Nazi aber, sagt er, sei er nie gewesen. Vielleicht versteht er unter »Nazi« einen Verbrecher. Das glaube ich ihm, ein Verbrecher war Hermann nie. Aber ich hörte von ihm auch nie ein Wort des Bedauerns, eine Verurteilung dieser Ideologie, die nicht nur bloß die Mode jener Zeit war, sondern vor allem den Rassenhass schürte und die planmäßige Vernichtung von Millionen Menschen nicht als Kollateralschäden eines Krieges rechtfertigte, sondern im Gegenteil zu einem der Hauptziele der militärischen Expansion erklärte. Ich musste an mein Interview mit Friedrich Andrae denken, den Autor des 1995 erschienenen Buches »Auch gegen Frauen und Kinder«, das die Verbrechen der Wehrmacht und der SS gegen die italienische Zivilbevölkerung rekonstruiert. Er war mit sechzehn Jahren in den Krieg gezogen, allerdings nicht freiwillig, sondern als Zwangsrekrut. Er fühlte sich darum nicht als Verbrecher; dennoch konnte er einsehen und zugeben, dass die Wehrmacht sich in den Dienst eines verbrecherischen Regimes gestellt hatte, das einen Vernichtungskrieg betrieb.

Mehrmals habe ich mich gefragt, weshalb mein Schwiegervater nicht ebenso harte Worte findet, um diese Vergangenheit zu beschreiben. Es ist, als versuchte er sie zu banalisieren, um die Ungeheuerlichkeit zu schmälern. Oft war ich versucht, ihn direkt nach seinem Verhältnis zur Vergangenheit zu fragen. Aber dann kommen mir Zweifel: Welches Recht hätte ich, diesen alten Mann zu quälen, der in einem Alter, in dem unsere Kinder Diskotheken besuchen dürfen, in den Krieg gezogen ist? Mit solchen Fragen begäbe ich mich in die Position eines Richters, der den Angeklagten verhört – einen Angeklagten, der allenfalls von dem Recht Gebrauch machen könnte, die Antwort zu verweigern, um sich gegen den unausgesprochenen, unerträglichen Vorwurf zu verteidigen, unfreiwilliger Komplize eines Völkermords gewesen zu sein, der dieses Land und das Leben auch der nachkommenden, unverdächtigen Generationen unauslöschlich gezeichnet hat.

Eines Tages aber stellte ich ihm die Frage. Wir hatten schon zwei oder drei Stunden über seine Vergangenheit, seine Jugend, den Krieg gesprochen. Irgendwann fragte ich ihn, wann er zum ersten Mal von den Vernichtungslagern gehört habe. Daraufhin geriet er in Zorn. Er sprang auf und warf mir erbittert vor, ich sei genauso wie alle anderen, ich interessierte mich ja auch nur für »diese Geschichte«.

Dann versuchte er sich zu beruhigen, räumte ein, dass das Thema Krieg sein Blut immer noch in Wallung bringe, und entschuldigte sich fast wegen des jähen Wutausbruchs. Er habe erst drei Monate nach Kriegsende von der Judenvernichtung erfahren, antwortete er. Daraufhin führte er lang und breit aus, wie ein stetes Getröpfel falscher Informationen nach und nach zu einer großen Lüge anschwelle; so auch in diesem Fall. Genau wie diese Ausstellung über die Wehrmacht und den von ihr geführten »Vernichtungskrieg«, von der er in der Zeitung gelesen habe. Damit sei er nicht einverstanden, das sei eine ungeheure Verfälschung der Tatsachen, die Geschichte habe schließlich die verschiedensten Facetten.

Er sei selbst während des Krieges als Waffenoffizier im

KZ Dachau stationiert gewesen. »Dachau war ein Arbeitslager. Dort hat man sich nicht mal Läuse geholt, so sauber war es dort, mit anständigen Duschen. Die Leute waren vor den Bomben sicher. Natürlich gab es dort auch ein Krematorium: Wo viele Menschen sind, sterben jeden Tag welche. ›Arbeit macht frei‹ stand über dem Eingang, und wer gut gearbeitet hat, wurde tatsächlich frei.«

Manche seiner Behauptungen raubten mir den Atem. Zum Beispiel diese: »Wenn Hitler gewonnen hätte, dann hätten wir schon viel früher ein vereintes Europa gehabt.«

Das Land, wo die Zitronen faulen

In Laganadi stehen Zitronenbäume so groß wie Eichen, und an ihren Zweigen hängen überdimensionale Früchte. Als Cecilia zum ersten Mal in der Heimat ihres italienischen Großvaters war, auf dem Aspromonte in Kalabrien, war sie sechs Jahre alt und konnte nicht glauben, dass keiner diese Zitronen haben wollte, dass die Früchte vom Baum fielen und aus mangelndem Interesse auf der Straße oder im hohen Gras der Gärten verfaulten. Auch die reiche Aprikosenernte war auf der Erde gelandet, und dasselbe Ende hatten diverse Hausdächer genommen, die eingestürzt waren. Die zum Himmel hin offenen Häuser stellten das Skelett ihrer Mauern zur Schau: zwei Schichten Weidenrohr, zusammengebunden, die Steine in der Mitte – eine armselige Bauweise, mit der Zement gespart wurde. Das Geburtshaus meines Vaters stand leider nicht mehr, es war ein paar Jahre zuvor wegen Einsturzgefahr abgerissen worden. Cecilia war enttäuscht, als sie nur noch einen Haufen Schutt vorfand: die Überreste der Steine und der mit der Zeit morsch gewordenen Kastanienholzbalken, aus denen ihr Urgroßvater, ein Maurer, das Haus für seine Frau und seine zehn Kinder gebaut hatte.

Als Ulli und ich vor Cecilias Geburt auf der Suche nach meinen Wurzeln durch Kalabrien reisten, stand das Haus meines Vaters noch, aber die zehnjährige Vernachlässigung zeigte deutliche Spuren. Im Keller, dessen Tür eingetreten war, hatten die Nachbarn ihren Sperrmüll abgeladen. Die Vorstellung, wie meine Großmutter sich abgeschuftet hatte, um die Steintreppe vor dem Haus und innen den Dielenfußboden sauber zu halten, schmerzte mich.

Um zur äußersten Spitze Kalabriens, ja überhaupt Italiens vorzudringen, überquerten wir das Sila-Gebirge, wo wir an den Seen vergeblich nach einem müllfreien Platz für ein Picknick suchten. Dann fuhren wir die ionische Küste Kalabriens entlang: Einsame und unberührte Gegenden wechselten mit chaotischen Ballungsgebieten – ein Ausschnitt von »Bella Italia«, dem Land, von dem die Deutschen so oft schwärmen.

Weite Küstenstriche wurden von unfertigen und schon wieder baufälligen Neubauten verunstaltet. Wohnhäuser aus grauen Betonbausteinen oder rötlichen Ziegeln, die nie verputzt worden waren, reckten ihre verrostete Armierung zum Himmel, wie Lebewesen, die in obszöner Pose die Beine in die Luft strecken.

Über diese bautechnischen Missgeburten, die ohne erkennbare Ordnung den Küstenstreifen sprenkeln, wachen seit Jahrhunderten die uralten Seelen kleiner Städtchen wie Gerace, wie Stilo – prachtvolle Zeugnisse alter Kultur, die von der Barbarei der Moderne erdrückt werden. Ich schämte mich vor Ulli für all den Müll und die Hässlichkeit. Er aber war entzückt von den intensiven Düften des kalabresischen Septembers, den köstlichen, schlichten Gerichten, die uns in den kleinen Dorfgasthäusern aufgetischt wurden, wo Mütter und Großmütter ihre Gäste mit denselben Speisen und derselben Aufmerksamkeit bewirteten wie Familienangehörige. Ulli betrachtete diesen unbekannten Süden mit Nachsicht und lächelte manchmal, wenn er eine absurde Komödie zu erleben meinte, während mir fast die Tränen in die Augen stiegen, weil das, was ich sah, mein Land war und die Tragödie seines Niedergangs.

Ulli und ich wohnten bei einer Schwester meines Vaters in Reggio Calabria, der südlichsten Stadt der Halbinsel, die auf das Meer und Sizilien hinausblickt. Es war eine geräumige Wohnung in der Innenstadt, wo man sich im Sommer, wenn die Fenster offen standen, fast schreiend unterhalten musste, um den Verkehrslärm zu übertönen. Dort lebte Tante Cata mit ihren beiden fünfzigjährigen Töchtern, die *signorine* geblieben waren, und ihrem Mann, Onkel Nino, den ein Schlaganfall zerbrochen hatte.

Als Onkel Nino, ein bekennender Freund des Faschismus, meinen Großvater kennen gelernt hatte, war er noch gesund, und die Gegensätzlichkeit ihrer politischen Überzeugungen trug nicht zum Frieden in der Familie bei. Onkel Nino war voll des Lobes über Mussolini, er habe mit der Kriminalität aufgeräumt, so dass man in der guten alten Zeit keine Haustür mehr habe absperren müssen. Die Mahnungen meines Vaters an seinen Schwager – »Halt doch den Mund, Nino, wie oft muss man dir das noch sagen: Von Politik hast du keine Ahnung!« – nutzten nichts. Mein Großvater geriet jedes Mal in Zorn, bis er eines Tages den denkwürdigen Satz aussprach, der in die Familiengeschichte eingegangen ist: »Für Idioten wie Sie sind unzählige junge Leute in den Bergen gestorben.«

Daraufhin wurde tagelang mittags und abends in zwei Schichten gegessen, weil Großvater und Onkel um keinen

Preis am selben Tisch sitzen wollten. Nach seinem Schlaganfall sprach Onkel Nino nicht mehr über Politik, er sprach überhaupt nicht mehr, und bald wurde er von seinen beiden Töchtern als das Kind behandelt, das sie nie bekommen hatten: Sie schämten sich nicht, sich vor den Augen des deutschen Gastes, den sie eben erst kennen gelernt hatten, neben ihren Vater auf das breite Bett zu legen und ihn zu hätscheln.

Bevor Ulli und ich zu einem Tagesausflug nach Laganadi auf dem nahen Berg aufbrachen, beluden die Frauen des Hauses das Auto mit Plastikkanistern, die wir mit Wasser aus dem Dorfbrunnen füllen sollten. Ulli fragte, ob es dort ein besonders gutes, vielleicht sogar heilendes Wasser gebe. Nein, erklärten ihm meine Kusinen, damit würden vor allem Nudeln gekocht und Zähne geputzt. Vor etwa einem Jahr sei eines Tages aus allen Wasserhähnen der Stadt Salzwasser geflossen. Meerwasser?! Ulli konnte es nicht glauben und fragte, ob die Bürger nichts unternommen, ob sie nicht protestiert, sich beschwert, die Stadtverwaltung zum Handeln aufgefordert hätten. Wozu?, erhielt er zur Antwort. Der gesamte Stadtrat sitze wegen diverser Schmiergeldaffären im Gefängnis. Ulli begann allmählich den südländischen Fatalismus zu begreifen.

Auf der Rückfahrt in die Stadt beeindruckte ihn besonders, dass die Autobahn übergangslos in eine städtische Straße mündete und man urplötzlich von hundertzwanzig auf die im Stadtbereich erlaubten fünfzig Stundenkilometer abbremsen musste.

Zu Beginn des zwanzigsten Jahrhunderts lebten in diesem Dorf am Berghang, aus dem mein Vater stammt, rund tausend Menschen. Damals wurden die Kastanien, Olivenhaine, Zitronen-, Orangen- und Feigenbäume gepflegt. Heute leben hier nur noch ein paar Alte, die eine oder andere auch nicht mehr junge Jungfer, die Obstbäume. Die anderen sind fort, und auch die Bäume würden sich auf den Weg machen, wenn sie statt Wurzeln Füße hätten.

Fortzuziehen ist eine jahrhundertealte Tradition in dieser Gegend, wo die Mütter seit jeher Bauern und Maurer gebaren, wo niemand je hatte hungern müssen, weil der Boden reiche Frucht gab, wenn er intensiv bestellt wurde, und die Ernte auf den lokalen Märkten getauscht werden konnte. Doch die Arbeit war die einzige Ressource, die sich exportieren ließ, um die chronische Armut zu lindern. Mein Großvater väterlicherseits war zusammen mit seinen Brüdern zwischen Kalabrien und »Lamerica« – den Vereinigten Staaten – hin und her gependelt, wo er als Maurer gearbeitet hatte. Drei Brüder meines Vaters wanderten in die USA aus. Anfangs kamen noch Briefe mit Fotos, Studioaufnahmen in Pose, dann verloren sich ihre Spuren. Von einem von ihnen, Onkel Alessio, hörte man später, er sei ermordet worden: ein Rachemord, hieß es, begangen von einem Landsmann und Mafioso, weil eine Frau aus dem Dorf ihm einen anderen Bruder aus der Familie meines Vaters vorgezogen hatte. Der Mafioso, der wegen der Schande der Abweisung nach Amerika auswandern musste, nahm Rache, indem er einfach irgendein anderes, völlig unbeteiligtes Mitglied der Familie umbrachte. Der erwählte Bruder hingegen entschwand mit seiner zweiten Frau nach Äthiopien, nachdem die erste, der ursprüngliche Zankapfel, bei der Geburt des ersten Kindes gestorben war. In Äthiopien bevölkerten Onkel Pietro und Tante Mara den Platz an der Sonne, der ihnen dank der kolonialen Eroberungen der Faschisten zugefallen war, mit weiteren sechs Kindern.

Der erfolgreichste Verwandte im Ausland war ein Onkel meines Vaters, der nach langer Zeit mit einer hübschen Stange Geld aus Amerika heimkehrte. Dieser Umstand machte ihn zu einer guten Partie für seine unverheiratete Nichte Maria, die dreißig Jahre jünger war als er. Der Onkel/Ehemann hatte das Geld ehrlich verdient – im Zuchthaus, wo er zwanzig Jahre wegen Mordes gesessen hatte, natürlich unschuldig.

Mein Vater kam nach dem Krieg nach Turin, und obwohl er nicht das Land, geschweige denn den Kontinent gewechselt hat, fühlt er sich ebenfalls als Emigrant. In keinem anderen Land Europas würde der Umzug von einer Region in die andere innerhalb desselben Staates als Emigration angesehen. Italien aber war in den fünfziger Jahren kein einheitlicher Staat, und die Leute aus dem Norden bezeichneten die Süditaliener abfällig als »terroni« – Leute, die vom Land kommen – und behandelten sie, als wären sie unterentwickelt. Mein Vater, dessen Gehirn sehr viel entwickelter war als die Mehrzahl der piemontesischen Gehirne, musste in der feindseligen Großstadt Turin, die ihn mit dem düsteren Dunstgrau ihrer Häuser und der alles durchdringenden Feuchtigkeit ihres Nebels von Anfang an bedrückte, in der ersten Zeit um sein Überleben kämpfen. Aber dann gelang es ihm sogar, seinen »afrikanischen« Bruder mit seiner Familie zu sich zu holen, die zusammen mit den übrigen italienischen Siedlern aus Äthiopien vertrieben worden waren.

Und auch zwei Schwestern »emigrierten« mit ihren Familien nach Turin und bezogen Wohnungen in den jahrhundertealten Altstadthäusern, wo es auf der Treppe nach Schimmel und Urin stank. Als Kind wollte ich diese Tanten nie besuchen. Ich genierte mich. Ein paar Jahre später errichtete die Stadt für ihre Einwanderer die Sozialbausiedlungen an der Peripherie. In der Altstadt gibt es noch immer nicht sanierte Häuser, die heute bei den afrikanischen Immigranten heiß begehrt sind.

Muttersprache

Die kleine Judith lebt mit ihrer Mutter Antje und ihrem Vater Thomas in Washington. Als sie aus Deutschland fortgingen, musste sich Judith von ihrer russischen Tagesmutter trennen, die von ihrer Geburt an Russisch mit ihr gesprochen hatte – mit Zustimmung der Mutter, die Slawistik studiert hat und ebenfalls Russisch spricht. Die Kleine, die gelernt hatte, diese fremde Sprache zu verstehen, besuchte dann einen amerikanischen Kindergarten, und schon nach einem Jahr Amerika sprach sie auch dann Englisch, wenn sie mit sich allein spielte. Ihre Eltern sind sehr stolz auf ihre Fortschritte.

In den USA haben Antje und Thomas, wie sie sagen, ihr Europäertum entdeckt. Wie viele Dinge wir Europäer gemeinsam hätten … Ja, dachte ich, vor allem die Sprache, ENGLISCH! Und über wie viele andere Dinge wir uns einig seien … Ja, dachte ich, vor allem, wenn derjenige, der nicht mit uns übereinstimmt, Amerikaner ist! In Wahrheit scheinen die kulturellen Eigenheiten der Völker Europas tiefe Abgründe zu trennen.

Im Ausland ist die Solidarität mit anderen Ausländern, auch wenn sie aus ganz anderen Staaten und anderen Wirklichkeiten kommen, ein natürlicher Mechanismus: als versuchte man archaische Ängste zu überwinden, indem man sich mit Fremden verbündet und ihren Beistand sucht, um der Mehrheit der Einheimischen etwas entgegenzusetzen.

Mit welch ausgesuchter Höflichkeit erzählte mir Harun, ein afghanischer Unternehmer, von einer Reise nach Italien, vom Besuch einer Stadt – ich weiß nicht mehr, ob es Mailand oder Neapel war –, in der er sich wie zu Hause gefühlt habe. »Italien erinnert mich an Afghanistan«, sagte er, um mir zu schmeicheln.

Auch Irfan, der wegen seines politischen Engagements für die Kurden aus der Türkei hatte fliehen müssen, versuchte mich von der kulturellen Verwandtschaft zwischen den Mittelmeeranrainern zu überzeugen, speziell zwischen Italienern und Türken. Vor allem war er sicher, dass sich türkische Männer und italienische Frauen prima verstehen könnten, was er aber, wie er mir mitteilte, in der Praxis bedauerlicherweise noch nicht habe überprüfen können.

Wenn Irfan wüsste … Das Einzige, worin sich die Italiener mit den Türken vergleichen, ist das Rauchen. Von einem Kettenraucher heißt es in Italien: »Er qualmt wie ein Türke.«

Was die Ausländer verbindet, ist die rituelle Distanzierung vom Gastland: Man beschwert sich oder macht sich darüber lustig. Zum Beispiel das endlose Klagelied der Ausländer in Deutschland: Die Deutschen seien unfähig zu jeder Spontaneität, trübsinnig, pessimistisch, individualistisch, arbeitssüchtig, einzelgängerisch, humorlos, sauflustig, obrigkeitshörig – sogar vor Verkehrsampeln! –, gefühlskalt, verklemmt, nur im betrunkenen Zustand in der Lage, aus sich herauszugehen, unelegant, überheblich, aggressiv, rechthaberisch …

Diese immer wiederkehrenden Klischees, in denen unausgesprochen die Überlegenheit der eigenen Landsleute und die Großartigkeit der eigenen Heimat anklingt (so dass man sich bisweilen fragt, weshalb sie überhaupt fortgegangen sind), wären an sich schon ein Grund, die Gesellschaft ausländischer »Kollegen« zu meiden.

Aber dann geriet ich immer wieder in die Gesellschaft Einheimischer, bei denen das Klagelied noch bitterer klang. Die selbstkritische Haltung dieser Freunde und Bekannten ihrem Deutschsein gegenüber war so verbissen, dass ich mich verpflichtet fühlte, ihnen zu widersprechen, ja sogar Lob zu spenden.

Denn genau das, die geringe Selbstliebe, der überkritische Blick auf sich selbst, empfand ich als den auffälligsten und eigenartigsten Charakterzug in diesem Land. Meine Freundin Susanne sieht darin sogar den Grund, weshalb immer weniger Deutsche bereit sind, Nachwuchs zu erzeugen. Eine Art kultureller Aussterbeinstinkt.

Man meint, viel über die Ausländerfeindlichkeit in Deutschland zu wissen, doch nur wenige wissen, wie ausländerfreundlich die Deutschen *auch* sind. Die unbedingte Liebe zum Ausländer ist eben der andere Aspekt des gequälten Verhältnisses vieler Deutscher zu ihrer nationalen Identität: der Ausländer als Rettung, als ein Element, das den Kummer, als Deutscher unter Deutschen leben zu müssen, ein wenig mildert.

Mit Susanne nahm ich einmal an einem Fest zum 8. März teil, das von einem afghanischen Frauenverein in Hamburg veranstaltet wurde. Meine Begleiterin machte sich Sorgen, weil sie an diesem Abend Angst hatte, die einzige Deutsche zu sein. »Nur Mut«, beruhigte ich sie, »vergiss nicht, dass wir immer noch in Deutschland sind und auch du das Recht hast, hier zu leben.«

Im Festsaal des afghanischen Restaurants »Rote Rose« drängten sich rund sechshundert Personen, Frauen, Männer, Kinder. Größtenteils waren es jedoch Frauen, sehr elegante Frauen in tief dekolletierten, glitzernden Gewändern und eng anliegenden Hosen. Vor allem die Jüngeren waren stark geschminkt und trugen ihre langen Haare offen. Auf dem Podium erinnerten die Organisatorinnen in ihren Reden an die katastrophalen Lebensbedingungen der Frauen und ihre Rechtlosigkeit auch im Afghanistan der Post-Taliban-Ära. Der Vizekonsul setzte ebenfalls zu einer Rede an, brach jedoch aus Sauerstoffmangel – es gab in dem überfüllten Saal kein Belüftungssystem – bewusstlos zusammen. Dann mischte sich die Moderatorin unter das Publikum, und Männer trugen Gedichte über Frauen vor, teils auswendig, teils von einem kleinen Blatt ablesend, das sie aus der Tasche zogen, und schließlich wurde der Auftritt einer Tänzerin angekündigt. Sie trug wunderschöne, mit zahlreichen glitzernden Spiegeln bestickte Stoffe: ein buntes Oberteil, das bis über die Knie hinabfiel, und eine an den Knöcheln geschlossene Pluderhose, aus der ihre bloßen Füße ragten. Sie war sehr groß und hatte ihr hellbraunes Haar zu Zöpfen geflochten, die ihr bis zur Hälfte des Oberschenkels reichten. Mit unschuldigem und zugleich verführerischem Lächeln begann sie zu tanzen. Sie drehte sich im Rhythmus einer atavistischen Musik aus irgendeiner Gegend Afghanistans, die sich, verstärkt durch die schlechte Qualität der Anlage, tatsächlich weit entrückt anhörte, und ließ den Kopf mit kleinen Bewegungen seitwärts rucken, während der Hals völlig reglos blieb – die perfekte orientalische Tänzerin. In Wahrheit war sie eine Deutsche. Die Leute sahen ihr respektvoll zu und klatschten bisweilen mit sonst ungerührter Miene im Takt.

Sie führte sechs afghanische Tänze und einen usbekischen Tanz auf. »Heutzutage kann so was niemand mehr tanzen«, vertraute mir meine Tischnachbarin in mühsamem Deutsch, aber leicht ironischem Ton an.

Nachdem die Tänzerin mehrfach verschwunden und in immer neuem Kostüm wieder aufgetaucht war, wechselte das Musikprogramm. Jetzt betraten zwei junge afghanische Hamburgerinnen die Tanzfläche; sie hätten Zwillinge sein können. Sie waren klein und rundlich, trugen Militärhosen mit allerlei Fransen und darüber ein bauchfreies, eng anliegendes Top, das den Busen füllig hervortreten ließ. Sie tanzten mit synchronen Bewegungen nach härtester Techno-Musik, ließen die Hüften kreisen, stießen ungeniert rhythmisch das Becken vor und schleuderten ihre nackten Arme durch die Luft. Die jungen Männer im Saal konnten vor Begeisterung kaum an sich halten. Die älteren Zuschauerinnen beobachteten den Auftritt der beiden Mädchen mit wiederum undurchschaubarer Miene.

Auch das ist Deutschland, dachte ich. Eine Versammlung von sechshundert Afghanen und einer deutschen Tänzerin, die sie zur Wahrung ihrer Traditionen ermahnt, indem sie einen ungebräuchlichen Tanz vorführt, den die meisten Anwesenden sicher zum ersten Mal im Leben gesehen haben.

Ich bewundere die Kulturoffenheit, die Deutsche unter anderem dazu bringt, ihre Kinder an einer zweisprachigen Schule anzumelden, wo die Zweitsprache Italienisch (oder Polnisch, Türkisch, Griechisch) ist! Die Schule, die meine Töchter in Hamburg besuchen, ist eine öffentliche Grundschule, an der es seit einigen Jahren einen zweisprachigen italienisch-deutschen Zweig gibt. Die für deutsche Kinder reservierten Plätze reichen nie aus. Sogar Familien, die kein Wort Italienisch können und die kein Haus in der Toskana oder im ligurischen Hinterland haben, melden mit Begeisterung ihre Kinder für die zweisprachigen Klassen an. Herr Heß, der deutsche Schulleiter, der das Italienische an seine Schule geholt hat, entschuldigt sich jedes Mal vorsorglich für seinen »schrecklichen« deutschen Akzent, wenn er in der Öffentlichkeit sein sehr gutes Italienisch spricht, während sich die Vertreter italienischer Behörden, sofern sie überhaupt geruhen, an den Informationsabenden der Schule teilzunehmen, durch Stummheit auszeichnen. Bei öffentlichen Veranstaltungen ist Herr Heß immer schon früher da und schmückt persönlich Klassenzimmer und Eingangshalle mit grün-weiß-roten Kokarden und Fahnen.

Es ist *eine* Sache, sich Fremdsprachen anzueignen, eine andere, die Muttersprache zu lernen. Ich traf auf einen Fall, den ich extrem fand, doch überraschte es mich nicht, dass ich ihn gerade in diesem Land erlebte.

Vor ein paar Jahren musste ich aus beruflichen Gründen in das Naturschutzgebiet Lüneburger Heide. Im September blüht hier überall Erika, die ganze Heide erglüht in tiefem Violett, das nur vom Dunkelgrün der Wacholderbüsche unterbrochen wird. Zahlreiche Besucher, vor allem Gruppen älterer Leute, kommen hierher, um die ungewöhnliche Landschaft zu bewundern, in der man sich nur zu Fuß, mit dem Fahrrad oder mit Pferdekutschen bewegt, die man mieten kann. Es ist ein Ort des Friedens, hier leben weit verstreut Menschen und Schafe, die sich zwischen den Buchweizenfeldern, den Wäldern und dem Heidekraut verlieren. Seitdem das militärische Übungsgelände der Engländer nicht mehr existiert, stören allenfalls noch die Dienstwagen des Vereins Naturschutzpark die Stille.

In der Heide lernte ich die Familie eines Angestellten des Vereins kennen, bestehend aus Mutter, Vater, einem vierjährigen Kind und dem Hund Hermann. Das Haus stand einsam inmitten freier Natur, die einzigen Nachbarn waren die betagten Gäste einer Pension ein paar hundert Meter weiter. Das Kind besuchte keinen Kindergarten, sondern war bei der Mutter zu Hause.

Als ich das Haus betrat, fiel mir auf, dass die Mutter sich mit ihrem Sohn auf Englisch unterhielt, was mich nicht weiter überraschte – schließlich rede auch ich mit meinen Kindern in meiner Muttersprache. Dann aber erfuhr ich zu meinem Erstaunen, dass die Mutter des Kindes Deutsche war. Sie unterrichtete Englisch an der Schule und sprach es akzentfrei, wie sie mir versicherte. Ich verstand die Frau nicht – mir wäre es nicht im Traum eingefallen, mit meinen Töchtern Deutsch zu reden! Deutsch ist eine Sprache, die bei mir nicht unmittelbar dem Herzen entspringt, sondern, mühsam ausgepresst, aus dem Gehirn tröpfelt. Wie brachte es diese deutsche Frau fertig, im Gespräch mit ihrem Sohn auf ihre Muttersprache zu verzichten? Sie lebte ja nicht einmal im Ausland!

Ich sah dieses Kind, das keinen Spielgefährten hatte außer Hermann – der konnte freilich nur bellen. Es verbrachte den ganzen Tag in Gesellschaft seiner deutschen Mutter, die Englisch mit ihm sprach, weil das eine nützliche Sprache ist und das Kind später Gott weiß welche Vorteile davon haben könnte: Schließlich lernen Kinder in diesem Alter alles ohne größere Schwierigkeiten …

Ich dachte an die ausländischen Mütter, die ich in meinen Jahren in Deutschland kennen gelernt hatte, Türkinnen, Afghaninnen, Italienerinnen, Russinnen, Polinnen, Chinesinnen. Ich dachte an all jene, die traurig mit ansehen mussten, wie sich ihre Anstrengungen, mit den in Deutschland geborenen und aufgewachsenen Kindern in ihrer Muttersprache zu reden, irgendwann als sinnlos erwiesen, weil die Kinder den Eltern auf Deutsch antworteten – schließlich wollten sie reden wie ihre Altersgenossen und sich nicht fremd fühlen. Und nun sah ich diese deutsche Mutter, der es ausgerechnet in ihrem eigenen Land in den Sinn kam, eine emotional und kulturell fremde Sprache zu reden, damit ihr Sohn möglichst bald Shakespeare im Original lesen konnte.

Wer nicht in einer zweisprachigen Familie lebt, staunt natürlich, wenn er hört, wie mühelos kleinen Kindern der Wechsel von einer Sprache zur anderen gelingt; das ist mir klar. Aber die Bewunderung lässt häufig den emotionalen Aspekt außer Acht. Mit den Kindern in der eigenen Muttersprache zu reden ist keine Entscheidung, sondern jedem, der Gefühle und Gedanken in einer Sprache ausdrücken will, die er sein Leben lang gesprochen hat und am besten kennt, ein spontanes Bedürfnis. Auf Italienisch halten meine Kinder die Kommunikationsbrücken zu ihren Großeltern, Tanten und Onkeln, Vettern und Kusinen und zu ihren Freunden in Italien aufrecht. In dieser Sprache singe ich ihnen meine Lieder vor, erzähle Geschichten und sage Gedichte auf. Wenn ich Italienisch spreche, unterrichte ich meine Töchter nicht. Ich versuche, ihnen Bruchstücke einer persönlichen und kulturellen Identität mitzugeben, die vor allem ich, ihre in einem anderen Land geborene Mutter, ihnen geben kann. Ich bin die Matrix, die auf ihre Zungen ganz andere Laute prägt, als sie in dem Land ihrer Geburt zu hören bekommen, und durch die ihr Geist für eine andere Art des Denkens empfänglich wird. Den eigenen Kindern die Liebe zu einer Sprache beizubringen, die nicht die des Landes ist, in dem sie leben, ist Kampf und sehr viel Arbeit, vor allem, wenn diese fremde Sprache als »nutzlos« gilt und nicht begehrt ist wie das Englische.

Die Großmutter von Alexander und Constanze, Spielgefährten aus Alessias Kindergarten, ist vor einigen Jahren mit ihrer Familie aus Tschetschenien nach Hamburg gekommen und wurde dank ihrer deutschen Vorfahren eingebürgert. Normalerweise spricht sie mit ihren Enkeln Russisch, doch auf der Straße, vor fremden Ohren, holt sie ihr altes Deutsch hervor, das sie zu Beginn des zwanzigsten Jahrhunderts von ihrer Mutter gelernt hat, weil sie nicht will, dass ihre Enkel sich ihrer schämen. So wie eine afghanische Bekannte, die im Sommer gern bei offenen Autofenstern Musik aus ihrer Heimat hört, von ihren halbwüchsigen Töchtern gebeten wird, den Ton leiser zu drehen oder zumindest die Fenster zu schließen.

Singen

Ich fuhr Fahrrad, und wie so oft beim Radfahren trällerte ich leise ein italienisches Lied vor mich hin. An einer Ampel hielt neben mir, ebenfalls auf dem Fahrrad, ein nicht mehr junger Herr mit Turban; auch er sang ein Lied aus seiner Heimat. Für einen Augenblick vermischten sich unsere Stimmen, wir hörten uns gegenseitig zu und wechselten einen amüsierten Blick, ehe wir auf unseren Rädern weiterflitzten.

In meinen ersten Jahren in Hamburg besuchte ich regelmäßig eine Gruppe von Deutschen und Ausländern, die sich einmal im Monat in den Räumen des DGB traf, um über politische und kulturelle Themen zu diskutieren. Unser Gesprächskreis gönnte sich alljährlich eine Weihnachtsfeier, zu der jeder ein typisches Gericht aus seiner Heimat beisteuerte – die deutschen Freunde musste man bitten, zu diesem Zweck kein thailändisches Kochbuch zu Rate zu ziehen. Ich brachte meine Gitarre mit, und wir stellten ein Repertoire zusammen, das mehr oder weniger allen gerecht wurde. Für Ghiannis und Tina stimmte ich »Il Fiume Amaro« an, ein Lied von Theodorakis. Mit Raimondo, dem Spanier, und Eduardo, dem Chilenen, sangen wir »Que serà« von José Feliciano. Bei den türkischen Liedern von Hüsseyin mussten wir allerdings auf die musikalische Begleitung verzichten, weil sie zu kompliziert war. Mit Franco, der aus Sizilien stammt, sangen wir »Vitti 'na crozza«. Dann redeten wir der deutschen Fraktion zu: »Na los! Jetzt seid ihr dran, worauf wartet ihr?« Joachim, Ursula und Heike bemühten sich redlich, eine Strophe zusammenzubringen, gaben aber schließlich auf, und ihr Lied brach mittendrin ab.

Als ich klein war, wurde mir beim Autofahren grundsätzlich schlecht, und das einzige Mittel gegen die Übelkeit war

Singen. Im Sommer musste ich von Turin nach Reggio Calabria fahren, von einem Ende Italiens zum anderen, rund zwanzig Stunden Autofahrt: ein Albtraum! Zum Glück verfügten meine Schwester und ich über einen unbegrenzten Schatz an Liedern. Wir konnten fünfzehn Stunden hintereinander singen, ohne uns je zu wiederholen. Wir sangen Kinderlieder, Liebeslieder, piemontesische, kalabresische, neapolitanische Volkslieder. Auch mit meinen Großeltern sang ich oft. Bevor ich in die Schule kam, nahmen sie mich mit nach Ligurien ans winterliche Meer. Ich saß auf dem Rücksitz des Fiat Cinquecento, in den letzten Winkel gedrückt, in dem sich kein Gepäck stapelte, und während ich in den Kurven hin und her geworfen wurde, begann ich zu singen, um mich abzulenken. Mein Großvater wollte sein Lieblingslied hören, und ich ließ mich natürlich nicht lange bitten: »Der Himmel ist in meinem Herzen, die Sterne sind mit dir …«, obwohl es mir ein bisschen weh tat zu sehen, wie diesem Baum von einem Mann dabei die Tränen übers Gesicht rannen. Kaum etwas versetzte den alten Kommunisten derart in Rührung wie das Stimmchen seiner Enkelin, das »Die Gräfin von Hongkong« sang, ein Liebeslied aus einem Hollywoodfilm mit Sophia Loren.

Auch meine Kinder singen gern im Auto, und wenn wir drei allein sind, singen wir unser gesamtes italienisches Repertoire. Wir nutzen es aus, wenn wir unter uns sind, denn wenn der Papa fährt, müssen wir still sein: Er empfindet unseren Gesang als Lärmbelästigung, die ihn gefährlich vom Fahren ablenkt.

Wenn wir manchmal frühmorgens Anton abholen, einen Klassenkameraden Cecilias, werden andere Saiten aufgezogen; dann weist meine Tochter mich zurecht: »Mamma, hör auf zu singen, sonst denkt Anton, du spinnst.«

Zu Cecilias sechstem Geburtstag hatte ich ihre deutschen und italienischen Freundinnen eingeladen. Als die Torte mit den Kerzen kam, sang die italienische Gruppe, ohne zu zögern, »Tanti auguri a te«. Dann spornte ich den Rest der Gesellschaft an, dasselbe Lied zu singen: »Und jetzt auf Deutsch!«, woraufhin der Chor intonierte: »Happy birthday to you!«

Meine Eltern konnten es nicht fassen, als ich ihnen in der Aula erläuterte, in welchen Sprachen Cecilias Grundschulklasse bei der Weihnachtsaufführung sang: auf Englisch und Hebräisch. Woher hätten sie, die ahnungslosen italienischen Großeltern, wissen sollen, dass Schalom kein deutsches Wort ist?

Auf Englisch singt auch der Chor meiner Freundin Marion, einer Katholikin, was im protestantischen Norden eine rare Spezies ist. Während der Messe werden Gospels gesungen, natürlich auf Englisch. Was haben die Gesänge der amerikanischen Schwarzen mit der deutschen Kultur und Tradition in einer katholischen Kirche im reichen Vorort einer europäischen Großstadt zu tun? Nichts, in der Tat, musste der Chor zugeben, als ich einmal bei Marions Geburtstagsfeier diese Frage stellte.

Warum findet man in diesem Land so selten jemanden, der ganz einfach Deutsch singt? Und warum werden keine Volkslieder gesungen? Dichter der Klassik und Romantik haben wunderschöne Liedtexte geschrieben, die von berühmten Komponisten vertont wurden. Es gibt köstliche Lieder im Dialekt. Ich kenne ein sehr hübsches plattdeutsches Lied, in dem ein Mädchen dem Geliebten verrät, wie er in der Nacht am besten in ihr Zimmer gelangt: Er soll die Türklinke langsam hinabdrücken und sich keine Sorgen machen, falls er ein bisschen laut ist, Vater und Mutter schlafen und werden jedes Geräusch auf den im Norden allgegenwärtigen Wind schieben. In einem anderen plattdeutschen Lied fordert eine Mutter ihre Tochter auf, das Haus für den bevorstehenden Besuch etlicher junger Burschen hübsch zu machen. Wenn sie nicht tanzen können, bringen wir es ihnen bei, sagt die Mutter. Wir bestreichen ihre Schuhe mit Butter, und wenn sie nicht küssen können, bringen wir ihnen auch das bei: Wir schmieren ihnen Honig auf den Mund.

Lieder voller Poesie und Ironie – warum singt man sie nicht? Dabei kann man nicht sagen, Deutschland sei kein musikalisches Land. In jeder Stadt gibt es öffentliche und private Musikschulen, und die Wartelisten sind lang. Es gibt zahlreiche Orchester, Streichquartette und sehr viele Kinder, die ein Instrument lernen, schon im Kindergartenalter beginnen sie mit der so genannten musikalischen Früherziehung. Dann die unzähligen Chöre: Man singt in der Schule, in der Kirche, im Konservatorium, im Konzertsaal, zu Weihnachten, auf Beerdigungen und öffentlichen Feiern nach einem in der Regel streng klassischen Programm. Nie wird einfach nur so gesungen, spontan, ohne besonderen Anlass, unter Freunden.

Mein Freund Ulli P. singt meisterhaft brasilianische Liebeslieder und hat sogar ein paar Wochen in Brasilien verbracht, um seine portugiesische Aussprache zu verbessern. Ulli hat auch ein Lied geschrieben, das seiner kleinen Heimatstadt Neumünster gewidmet ist; der Text ist englisch. Er hat mir – auf meine Bitte hin – die Melodien plattdeutscher Lieder beigebracht, allerdings hatte ich das Gefühl, dass er erst mal einen Joint brauchte, um die Aufregung zu besänftigen, die ihn befiel, weil er in seinem heimatlichen Dialekt singen musste.

Ob alles, was in diesem Land Tradition war, vom Nationalsozialismus missbraucht wurde und jetzt auf die eine oder andere Weise kontaminiert ist? Damals wurden sehr wohl Volkslieder gesungen, und sie stärkten das Selbstbewusstsein ebenso wie den Nationalstolz der Deutschen. In »Mein Kampf« schrieb Hitler: »Zu allen Zeiten ist uns Deutschen das Lied ein gesungenes Bekenntnis der Seele und ein Spiegel des Volkslebens gewesen.« Das Volk suche sich in den Liedern wiederzufinden – »ein starkes Reich, ein stolzes Volk« –, das deutsche Lied sei der Quell, aus dem das Volk Kraft schöpfe (12. Deutsches Bundessängerfest in Breslau am 1. August 1937).

Die Lieder aus dem Dritten Reich hatten Titel wie »Das Hakenkreuz«, »Deutschland, erwache!«, »Ein Volk, ein Reich, ein Führer«. Manche Strophen waren ein Loblied auf die Vernichtung: »Ob Bauer, ob Bürger, ob Arbeitsmann, sie schwingen das Schwert und den Hammer, sie kämpfen für Hitler, für Arbeit und Brot. Deutschland, erwache! Und Juda – den Tod. Volk ans Gewehr!«

Lieder hatten eine wichtige Propagandafunktion, nicht nur wegen der Texte, sondern oft auch wegen der Melodien, die an Choräle, jedenfalls an Kirchenlieder erinnerten und den Ruf zu den Waffen und die Aufhetzung zur Judenverfolgung mit einer religiösen Legitimation versahen.

Der Führer verstand es sehr gut, das Volk für sich einzunehmen; schon in seinem Buch, von dem an die neun Millionen Exemplare verkauft worden waren, hatte er davon gesprochen: »Wer die breiten Massen gewinnen will, muss den Schlüssel kennen, der das Tor zu ihrem Herzen öffnet.«

Ob sich diese Herzen nach dem Krieg hermetisch verschlossen haben? Ob den Eltern die Lust aufs Singen vergangen ist? Auch mein Schwiegervater verließ als junger Mann bei Tanzveranstaltungen den Raum, sobald eine Melodie erklang, die ihn an Militärmärsche erinnerte. Einmal bat ich ihn, mir die Aussprache der plattdeutschen Lieder beizubringen, die mir so gut gefielen. Das tat er begeistert, und natürlich konnte er sie auswendig, aber seinen Kindern hat er sie nie vorgesungen.

Kinder dürfen die traditionellen Kinderlieder singen, von den Entchen auf dem See, vom Kuckuck, vom Wald und den Jahreszeiten, von Vogelhochzeiten. Das Repertoire erneuert sich sogar. Doch von einem gewissen Alter an hören die Kinder aus irgendeinem Grund damit auf.

Ob sie im Alter wieder anfangen werden, sich auf Lieder zu besinnen?

Einmal war ich zu Weihnachten bei meiner Schwiegermutter im Altenheim, einem Pflegeheim für Patienten mit seniler Demenz, und sah all die alten Leute, die sich um den Weihnachtsbaum scharten und aus den hintersten Winkeln ihrer Erinnerung wieder die altbekannten Melodien hervorholten. »Kling, Glöckchen, klingelingeling, kling, Glöckchen, kling«, sangen sie wie greise Kinder und fischten mal hier, mal dort ein Wort aus ihrem versiegten Geist, in dem nur noch die Kindheitserinnerungen übrig geblieben waren. Meine Kinder sangen spontan mit. Und die Großen, die Generation dazwischen, hörten zu.

Feuerwehrleute

Mein Schwiegervater sagt, die SS habe mit »dieser Scheiße« (das ist sein Ausdruck), nämlich der Judenverfolgung, nie etwas zu tun gehabt. Von den Historikern wissen wir, dass die SS auch das Wachpersonal und die Leitung der Vernichtungslager gestellt hat. Bevor die Todesfabriken mit der Einführung der Gaskammern die Massenvernichtung perfektionierten, brachten die SS-Leute in den Kriegsgebieten Hunderttausende unschuldiger Zivilisten, darunter Alte, Frauen und Kinder, mit einem Nackenschuss um. Das war ein wenig rationales, ineffizientes, kostspieliges Verfahren. Außerdem war die Stimmung unter den deutschen Vollstreckern nicht die beste, obwohl großzügig Alkohol ausgegeben wurde.

Die Bibliotheken, Presse- und Bildarchive, jetzt auch Videotheken sind voll von Beweisen für die Verbrechen der SS. Es sind Aussagen und Bilder, die für einen in unserer Zeit geborenen, nicht persönlich involvierten Betrachter oft unerträglich sind. Wie steht es hingegen mit einem Angehörigen einer militärischen Organisation, die sich im Namen eines Staates und seiner Ideologie, nämlich dem Anspruch auf die Vernichtung beziehungsweise totale Unterwerfung des Feindes (also praktisch der ganzen Welt) aus absurden rassistischen Beweggründen, grausamer Verbrechen schuldig gemacht hat? Kann er es ertragen, diese Aussagen zu lesen und diese Bilder zu sehen?

Der Anspruch auf die Weltherrschaft ist gescheitert – was sich über den Vernichtungskrieg nicht sagen lässt: Er forderte sechsundsechzig Millionen Menschenleben.

In einer gar nicht fernen Vergangenheit gab es Väter, die entsprechend den herrschenden, jedenfalls weithin akzeptierten Normen ihre Kinder schlugen. Sie schlugen zu, um Ungehorsam und Zügellosigkeit zu züchtigen, nahmen einen Gürtel oder die Hundeleine zur Hand. Ich selbst kannte Mädchen aus meiner Generation, die an manchen Tagen nicht in die Schule kamen, damit niemand die blauen Flecken und Striemen von den Prügeln des Vaters sah. Dann wurden die Väter älter und erlebten einen mehr oder minder bewussten Sinneswandel hinsichtlich ihrer früheren Erziehungsmethoden. Dabei kam es mitunter zu einem wundersamen Gedächtnisverlust. »Meine Tochter? Nie habe ich ihr auch nur ein Haar gekrümmt«, versichert heute der achtzigjährige Vater, der zu anderen Zeiten mehr von seinem Hund geliebt wurde (dem er doch auch nicht die Tritte ersparte) als von seinen Töchtern, die sich im Gegensatz zu ihm sehr genau an alles erinnern.

Verdrängung im Lauf eines Lebens ist ein geläufiges Phänomen. Um einer unangenehmen oder peinlichen Erinnerung zu entgehen, die uns vielleicht zwänge, einen Verlust an Selbstachtung hinzunehmen oder auch das Gerüst der Werte, das den Kern unseres Lebens gebildet hat, in Frage zu stellen, leugnen wir die Vergangenheit, selbst wenn unwiderlegbare Fakten dagegen sprechen, etwa das lebende Zeugnis jener, die in eben dieser Vergangenheit die Opfer waren.

Wenn der Mensch private Erlebnisse verdrängt, weshalb sollte er sich auf kollektiver Ebene anders verhalten?

Mein Schwiegervater war in der Waffen-SS, aber er hat kein KZ geleitet und an keinem Verbrechen gegen die Zivilbevölkerung teilgenommen. Welchen Grund hätte ich, das Gegenteil zu vermuten? Im Lauf der Jahre ist zwischen uns eine echte Zuneigung gewachsen, er ist ein Teil meiner Familie geworden. Wie könnte ich ihm misstrauen und am selben Tisch mit ihm essen oder ihn umarmen?

Aber da ich in der Schule meines Großvaters aufgewachsen bin, mit seinem täglichen Geschichtsunterricht, der vielleicht unkonventionell war, aber niemals Tatsachen verzerrte, die ich auch aus Büchern oder anderen Quellen hätte erfahren können, beunruhigt mich dieser alte Deutsche mit seinen Auslassungen, seiner selektiven Wahrnehmung der Wirklichkeit.

Nie wird er die Tatsache anerkennen, dass die SS eine militärische Organisation im Dienst eines Regimes war, das eine Rassenvernichtungspolitik vertrat und in die Tat umsetzte. »Wir SS-Männer waren wie die Feuerwehr, wir eilten dorthin, wo die Erde brannte. Wie zum Beispiel in der Normandie«, sagt er. Dort hat ihn ein Granatsplitter an der linken Hand verletzt; seither sind die Finger zu einer geschlossenen Traube verkrüppelt, mit der er aber ohne allzu große Mühe Brot und Fleisch schneiden kann. Er zeigt seine Hand nicht vor wie eine Trophäe, hat sie aber auch nie versteckt.

Eines Tages sah ich auf einem Sessel in seinem Haus ein

Fotobuch mit dem Titel »Entering Germany (1944–49)« liegen, das zu Beginn des neuen Jahrtausends erschienen war. Es enthält die Aufnahmen des amerikanischen Fotografen Tony Vaccaro, der die alliierten Truppen in Europa begleitete. Ob ihm das jemand geschenkt habe, wollte ich wissen. Nein, sagte er, das habe er sich selbst gekauft. Es interessiere ihn, wie andere die historischen Ereignisse sähen, die er aus eigenem Erleben kenne und aus der Perspektive dessen, der in ihnen aufgewachsen sei, beschreibe und interpretiere.

Er kam 1924 in Neumünster, einer Industriestadt mit 32 000 Einwohnern, zur Welt. Am Himmel über Neumünster rauchten die Schlote der Textilunternehmen, Eisengießereien, Färbereien, Leder- und Maschinenfabriken. Sein Vater besaß eine Firma, die in Friedenszeiten Landmaschinen, Schleusen, Lastenaufzüge, Dampfkessel lieferte. Während des Ersten Weltkriegs wurden unter anderem Granaten gedreht, während des Zweiten Schraubenlager für Kriegsschiffe und U-Boot-Teile produziert. Die Wirtschaftskrise des Jahres 1929 brachte Arbeitslosigkeit und Chaos nach Neumünster. »Die Kommunisten bewarfen uns Kinder mit Steinen. Wir hatten Banden gebildet und tobten durch die Straßen«, erzählt mein Schwiegervater. Eine entbehrungsreiche Kindheit: »Mit nichts als einer gekochten Kartoffel im Magen gingen wir in die Schule. Ein paar profitierten von der Krise, die meisten gerieten ins Elend.«

Die Jugendbanden verschwanden, als Hitler an die Macht kam. Mit acht Jahren trat Hermann in das Jungvolk, eine Unterabteilung der HJ, ein. »Als Hitler an die Macht kam – mit der Zustimmung des Volkes natürlich, das dürfen wir nicht vergessen –, gab er uns Jungen ein Ziel. Auf einmal fühlten wir uns nützlich. Praktisch über Nacht stellte er die Ordnung wieder her, auch in der Fabrik mussten die Arbeiter ihre Spinde abends nicht mehr abschließen. Es war keine Diktatur, ich kann wirklich nicht sagen, dass wir uns unterdrückt fühlten. Es gab keinen Diebstahl mehr. Die Haustüren blieben nachts offen. Jeder konnte sehen, wie viel besser das Leben geworden war: Auf einmal hatten wir Arbeit, ein Ziel im Leben und Freizeit …«

Schon als Junge hatte sich Hermann für Pflanzen und Blumen begeistert. Der große Garten rund um sein Haus ist eine einzige Farbenpracht. Selbstverständlich kennt er den Namen jeder einzelnen Blume, darunter manche so bizarre wie »Judenschnute«, ein Wort, das er mit derselben Selbstverständlichkeit ausspricht, wie er »Geranie« sagt. Er bringt meinen Töchtern auch die Namen der Schmetterlinge bei, lehrt sie, das Pfauenauge oder den Roten Fuchs zu erkennen, und zeigt ihnen, wie man das Männchen des Kohlweißlings anhand der Flügelzeichnung vom Weibchen unterscheidet.

Wenn ich mich nach einem gemeinsam verbrachten Tag zum Aufbruch bereitmache, verschwindet mein Schwiegervater mit seiner Gartenschere und kommt kurz darauf mit einem bunten Blumenstrauß oder einfach mit einer einzelnen Rose zurück.

Der Hut des Toten

Was für intensive Düfte dieser raue Berg in Kalabrien verströmt, wo sich der Geruch der Erde mit der salzigen Meeresbrise mischt!

Als ich zum ersten Mal ins Dorf meines Vaters kam, ebenjenes Laganadi am Aspromonte, war ich sechs Jahre alt. Ende der sechziger Jahre war das Dorf sicher noch nicht entvölkert wie heute: Woher sonst wären plötzlich alle diese »Verwandten« aufgetaucht, die sich darum rissen, mich mitten auf der Straße zu umarmen und zu küssen? Jeder wollte unbedingt meine Familie zu sich nach Hause einladen und uns Mandelmilch kredenzen. Schließlich gingen wir mit den Kusinen Bongecchi, drei Schwestern, die nach dem Tod ihrer Eltern zusammen im Dorf geblieben waren. Dort kümmerten sie sich um ihren am Down-Syndrom leidenden Bruder und um die Oliven, Orangen, Tomaten. Sie hatten so viel zu tun, dass zum Heiraten keine Zeit blieb.

Ich weiß noch, wie peinlich es mir war, als wir, mein Vater, meine Schwester und ich, die Dorfbäckerei betraten, um *pasticcini* zu kaufen. Als die Bäckerin uns den Pappteller mit dem Gebäck reichte, musterte sie uns mit strahlendem Lächeln und sagte zu meinem Vater: »Das wird Euren kleinen Enkelinnen sicher gut schmecken …« Mein Vater, den ich nie anders als mit Glatze und Bauch kannte, wirkte also offenbar nicht nur in meinen Kinderaugen »alt«. Dabei war er gerade erst Anfang vierzig.

Hätte meine Großmutter damals noch gelebt, so hätten wir ihr dieses Gebäck gebracht, und sie hätte uns Enkelinnen mit getrockneten Feigen und Maronen gefüttert, die sie für feierliche Anlässe in einem Terrakotta-Topf aufbewahrte. Diese Großmutter, die vor meiner Geburt starb, war eine kleine, zierliche, aber resolute Frau gewesen. Sie hatte schöne blaue Augen mit einem ultramarinblauen Rand um die Iris, die meinen Großvater sicher nicht gleichgültig gelassen hatten. Sie heiratete ihn, obwohl ihr Herz für einen anderen schlug. Die Familien hatten die Ehe arrangiert, was damals üblich war. Zehn Mal schwoll ihr Bauch an – aber wer weiß, wie viele weitere Schwangerschaften sich vorzeitig erledigten. Im Alter war sie, laut eigenem Bekunden, zufrieden mit diesem Ehemann, der kein anderes Laster hatte als das Kartenspiel und ein paar Gläser Wein dazu – die wenigen Abwechslungen, die es für die Männer im Dorf eben gab. Die Frauen verbrachten den Feierabend im Haus. Wenn sie von der Feldarbeit heimkamen, setzten sie sich mit dem Webstuhl an den Herd. Manchmal stand meine Großmutter auf, trat auf den kleinen Balkon hinaus und befühlte das Eisengeländer: Anhand seiner Temperatur konnte sie das Wetter am nächsten Tag vorhersagen. Der Weg zum Balkon führte durch das kleine Zimmer, in dem mein Vater, der Letzte ihrer Kinderschar, in Gesellschaft der Seidenraupen schlief, die auf einem alten Tisch neben dem Bett auf Maulbeerblättern lagen. Wenn meine Großmutter fand, es sei spät genug, machte sie sich auf den Weg, um ihren Mann aus der Kneipe zu holen. Sie brauchte nur wortlos in der Tür aufzutauchen. Saß er mit dem Rücken zu ihr, machten ihn seine Spielpartner mit einem Blick auf sie aufmerksam. Dann stand er auf, legte die Karten auf den Tisch, auch wenn die Partie noch gar nicht beendet war, verabschiedete sich von der Runde und ging mit seiner Frau nach Hause.

Mit der Zeit wurde es still um meine Großmutter, und irgendwann war sie ganz allein. Sie starb mit zweiundachtzig Jahren. Stundenlang hatte sie die Haustür angestarrt, in der Hoffnung, dass mein Vater, Luigino, ihr Jüngster, rechtzeitig von Turin nach Hause käme, um sich mit einem letzten Kuss von ihr zu verabschieden. Aber der arme Sohn musste 1500 Kilometer reisen, vom einen Ende Italiens zum anderen, und dies zu einer Zeit ohne Autobahnen. Seine Mutter starb mit dem Bild der geschlossenen Tür vor den Augen.

Mit Cecilia kehrte ich im neuen Jahrtausend ins Dorf zurück. Ich kam, weil mein Vater mich gebeten hatte, der Exhumierung meines Großvaters beizuwohnen, der 1936, mit zweiundsechzig Jahren, an Erschöpfung gestorben war: Jetzt sollten seine Knochen von der Grabnische in das

Platz sparende Beinhaus verlegt werden. Ich dachte an das Geisterdorf und fragte mich insgeheim, für welche Toten hier wohl Platz geschaffen werden sollte.

Als der Sarg, jedenfalls seine Überreste, aus der Grabnische gezogen wurde, erblickte ich zu meiner Überraschung einen schwarzen Filzhut, der zusammen mit meinem Großvater beigesetzt worden war: Abgesehen davon, dass er staubig war und sein Band zerschlissen, schien er ziemlich gut erhalten. Der Totengräber warf den Hut in eine Ecke. Mit Handschuhen und einem weißen Mundschutz vor dem Gesicht trennte er die Knochen von den Stoffresten und legte sie in einen Metallbehälter. Auch meine Tante und meine unverheiratete Kusine, die noch immer mit ihr zusammenlebte, schauten der »Zeremonie« zu, ebenso die übrigen Verwandten, die darauf warteten, dass ihre Toten an die Reihe kämen. Als die undankbare Arbeit erledigt war, ging der Totengräber zur nächsten Grabnische weiter, und ich hob, ohne mir viel dabei zu denken, den Filzhut auf: vorsichtig, um die dicke Staubschicht nicht aufzuwirbeln. Schließlich hatte er ja die ganzen Jahre *auf* dem Sarg gelegen, nicht in ihm, sagte ich mir, um mich zu überzeugen, dass ich kein Sakrileg beging. Eine meiner Kusinen, die in Laganadi geboren, aber in Turin aufgewachsen ist, hatte kein Verständnis für Sentimentalitäten dieser Art. »Wirf das doch weg, um Himmels willen«, sagte sie. Was wollte ich mit einem Andenken an dieses deprimierende Dorf, das nur die Kaktusfeigen noch ertragen konnten? Aber ich steckte den Hut in eine Plastiktüte und verknotete die Schlaufen, um auch den unendlich feinen weißen Staub mitzunehmen. Ich war froh über dieses Stück Erinnerung an einen Großvater, den ich nie kennen gelernt hatte. Wer weiß, was mein Vater dazu sagen würde …

»Der Hut bleibt im Auto«, befahlen Tante und Kusine, als wir wieder nach Reggio Calabria zurückkehrten. Seit einigen Jahren waren nur noch sie beide übrig, nachdem der zum Kind gewordene Greis und die zweite Tochter Rosetta kurz nacheinander gestorben waren. Gerade erst sechzigjährig, war Rosetta im Supermarkt tot umgefallen, weil sie den Tabletten gegen Bluthochdruck nicht getraut hatte.

Der Großvaterhut blieb im Auto. Der Hut eines Toten im Haus bringt Unglück: Sie sprachen es nicht aus, aber ich verstand es auch so. Wir stiegen die Treppe zu der Wohnung hinauf, die mit der Zeit immer größer geworden war. Die achtzigjährige Mutter und die sechzigjährige Tochter schliefen jetzt gemeinsam im Ehebett, neben dem noch eine Pritsche mit Matratze an der Wand lehnte. In den vielen Zimmern der Wohnung hätten auf verschiedenen Schlafsofas und Feldbetten, die für den Bedarfsfall in einer Kammer bereit standen, Dutzende von Gästen Platz gefunden. Tante Cata aber bot uns an, ein weiteres Bett ins eheliche Schlafzimmer zu stellen, damit Cecilia und ich ebenfalls dort schlafen konnten – in einem anderen Zimmer hätten wir uns vielleicht einsam gefühlt!

Cecilia gefielen diese liebevollen Verwandten, die sie fortwährend küssten und umarmten. Sie hätten gewiss nichts Merkwürdiges dabei gefunden, dass sich Cecilia mit ihrer Schwester ein Zimmer teilte – was unsere deutschen Freunde und Verwandten eher befremdlich fanden. Tante Catas Töchter Rosetta und Franca, die beide Lehrerinnen gewesen waren, hatten bis zum Pensionsalter immer im selben Zimmer geschlafen, obwohl etliche andere zur Verfügung standen. Kaum war ich zwanzig geworden, drängten sie mich, mir so bald wie möglich einen Mann zu suchen, sonst würde ich »genauso enden« wie sie: als alte Jungfer. Damals waren sie um die vierzig und hatten das Schiff in den Hafen der Ehe verpasst. Sie lebten in der Überzeugung, dass ihnen das Leben nichts mehr zu bieten habe, und sahen zu, wie es Jahr für Jahr verrann, als gehörte es jemand anderem.

Am nächsten Tag achtete ich darauf, den Hut des Großvaters, der seine erste Nacht nach vielen Jahrzehnten Begrabensein im Kofferraum des Autos verbracht hatte, nicht mit unserem Gepäck zu zerdrücken. Mein Vater reagierte überrascht und erstaunt auf den nach fast siebzig Jahren wieder aufgetauchten Filzhut. Es ging ihm zu Herzen, obwohl er sich nichts davon anmerken ließ. Ich fragte ihn, ob ich den Hut behalten dürfe, und er hatte nichts dagegen. Ich wollte ihn ohne große Erklärung in die Reinigung bringen, ehe ich ihm die Reise zumutete.

Dann rief ich in Deutschland an und berichtete Ulli von meinem Fund, diesem Nachlass meines Großvaters. Ulli wandte ein: »Ist das hygienisch, ihn im Haus zu haben?«

Ich brach ohne den Hut auf. Meine Mutter versuchte ihn eines Tages abzubürsten, und dabei löste er sich praktisch in Staub auf. Woraufhin sie ihn ohne ein Wort zu irgendjemandem wieder in seine Tüte steckte und in den Müll warf.

Als mein Vater davon erfuhr, tat es ihm Leid. Auch mir tat es Leid. Der Verlust des Hutes bewirkte, dass wir uns, eines der sehr seltenen Male, solidarisch fühlten.

Fegefeuer

Wer im Ausland lebt, verliert die eigene Vergangenheit, er ist in der Gegenwart gefesselt, während die Menschen in seiner Umgebung ihn fragen, ob er irgendwann die Absicht habe, in die Heimat zurückzukehren.

Wer ins Ausland zieht, lässt die eigene Vergangenheit im

Land seiner Herkunft zurück. Kamela, eine junge Afghanin, die seit zehn Jahren in Deutschland lebt – ein Drittel ihres Lebens –, bestätigte mir in dramatischer Weise diesen Eindruck. Es sei, als komme man ein zweites Mal auf die Welt. Du musst mit dem Reden, Schreiben und Lesen neu anfangen. Was du gelernt und studiert hast, wird nicht anerkannt, und wegen deiner mangelnden Sprachkenntnisse (bei Nicht-EU-Bürgern auch wegen fehlender Arbeitsgenehmigung) kannst du nicht arbeiten. Du triffst Ärzte und Architekten, die Taxi fahren, Geografinnen und Journalistinnen, die Altenpflegerinnen sind, Ingenieure, die mit Lieferwagen Wäsche ausfahren.

Die früheren Freunde gibt es nicht mehr. Die neuen Freunde, die der fremden Nationalität angehören, werden nie mit dir die Erinnerung an ein Lied, eine Landschaft, an Werbeslogans aus deiner Kindheit teilen können. Die neuen Freunde können nicht ahnen, wie intensiv grün das Pistazieneis war, als es noch fünfzig Lire kostete; die politische Geschichte deiner Heimat ist ihnen fremd und unverständlich. Wie soll ich einem Westdeutschen erklären, dass ich, mein Großvater und meine Geschichts- und Philosophielehrerin die KPI für eine durchaus konservative Partei hielten?

Wenn man in einem von der eigenen Geschichte gequälten Land wie Deutschland lebt, wo die Gegenwart ein langes Gedächtnis hat, und wenn die persönliche Vergangenheit nach und nach verblasst, beginnt man sich zwangsläufig Fragen nach der Vergangenheit der eigenen Heimat zu stellen. Ich weiß nicht mehr genau, wann ich mich bewusst auf die Suche machte, aber nach den ersten paar Jahren in Deutschland hatte ich die Standardwerke über die Geschichte der italienischen Juden während des Faschismus, über ihre Verfolgung und die Mitwirkung Italiens an ihrer Vernichtung alle gelesen. Es war, als wollte ich mir bestätigen, dass ich allen Grund hatte, mit meiner italienischen Herkunft zufrieden zu sein, mich in Sicherheit zu fühlen.

Die Bücher beruhigten mich ein wenig, aber viel half das Lesen nicht. Ich war schwanger. Das Kind in meinem Bauch würde in Deutschland geboren werden, es war zu früh, um darüber nachzudenken, mit welcher nationalen Vergangenheit es sich identifizieren, ob es lieber von seinem Urgroßvater, dem Antifaschisten, oder von seinem deutschen Großvater erzählen würde, aber eines stand und steht fest: dass es für diese Generation, die zwischen zwei Kulturen, zwei Vergangenheiten zur Welt kommt, nur noch komplizierter wird.

Das kleine Wesen wurde schon im Mutterleib mit der Tatsache konfrontiert, dass es deutsch, auch deutsch, zur Welt kommen würde. Im Januar 1995, am Ende meiner Schwangerschaft, herrschte eine grausame Kälte, die Straßen waren vereist: eine ideale Voraussetzung, mit dem Riesenbauch über den Boden zu rollen. Ich saß viel zu Hause. Es verging kein Tag, an dem nicht in der Zeitung ein Kommentar, ein Artikel, ein geschichtlicher Abriss über die Vernichtungslager der Nazis erschien. Der 27. Januar war der fünfzigste Jahrestag der Befreiung von Auschwitz. Nachdem ich den Schock des ersten Mals im Wohnzimmer meiner Schwiegermutter verwunden hatte, konnte ich jetzt mit mehr Distanz die Bilder im Fernsehen verfolgen, und um diese historische Schmach besser einordnen zu können, las ich in dieser Zeit die von den Feuilletons empfohlenen Autoren: Elie Wiesel, Jean Améry, Hannah Arendt.

Mich faszinierte die geistige Ehrlichkeit, mit der die Presse und das Fernsehen dem Land die Abgründe seiner abscheulichen Vergangenheit vor Augen führten. Die unerbittlichsten Kritiker unter meinen deutschen Freunden beklagten sich, dass nichts je genug sei. Aber ich habe im Lauf der Jahre gelernt, Deutschland auch dafür zu respektieren, dass es mit solchem Ernst seine Verantwortung vor der Geschichte auf sich nimmt. Vielleicht, weil ich aus einem Land stamme, das mit dem NS-Regime verbündet war, sich aber immer in Halbheiten gerettet hat: Ja, richtig, wir haben den Rassengesetzen zugestimmt, aber so ernst war es uns nicht damit; die Mörder waren die Deutschen, *sie* haben die italienischen Juden deportiert, während unsere Soldaten die Juden in Frankreich und Jugoslawien sogar verteidigten … Wir Italiener, das ist bekannt, glauben nie hundertprozentig an das, was wir tun, wir wenden häufig eine doppelte Moral an – eine Verhaltensweise, die sich in Kriegszeiten und unter Diktaturen als Tugend erwiesen hat, mit der sich das Schlimmste vermeiden ließ. Außerdem hatten wir den Widerstand, der unsere historische Schuld wieder gutmachte. Das Blut der Selbstlosen hat unser Land nicht nur vom Faschismus befreit, sondern auch von der Peinlichkeit, ihn erfunden und zwanzig Jahre lang bejubelt zu haben.

Deutschland hingegen hat sich bis zuletzt nicht ergeben, auch als Hitler seinem Leben bereits ein Ende gesetzt hatte. Noch nach dem 8. Mai 1945 wurde Flensburg die letzte »Hauptstadt« des Deutschen Reiches. Jahrelang gab es die einen, die das Ende des Kriegs Befreiung nannten, und die anderen, die von Niederlage sprachen.

In den letzten Kriegsmonaten wurden Sechzehnjährige eingezogen. Auch Friedrich Andrae wurde gezwungen, Nazi-Deutschland – vielmehr dem rauchenden Trümmerhaufen, der davon noch übrig war – seine sechzehnjährige Jugend zu opfern.

Vier Stunden, bevor meine erste Tochter zur Welt kam, saß ich mit diesem alten Herrn in einem Restaurant in der Innenstadt. Es hatte geschneit, und die Straßen waren auf einmal nicht mehr eisglatt – endlich konnte ich hinaus, denn zu Hause fiel mir die Decke auf den Kopf. Andrae hatte kurz zuvor ein Buch veröffentlicht, »Auch gegen Frauen und Kinder. Der Krieg der deutschen Wehrmacht gegen die Zivilbevölkerung in Italien 1943–45«. Ich sollte das Buch für »Die Zeit« rezensieren, hatte es schon gelesen, wollte aber noch seinen Autor kennen lernen.

Der ehemalige Direktor der Hamburger Öffentlichen Bücherhallen hatte seinen Urlaub oft mit seiner Frau in Italien verbracht. Auch für ihn bedeutete mein Land Sonne, Kunststädte, Natur. Aber in den Dörfern des Apennin, wo die beiden nach langen Wanderungen einkehrten, fanden sie Plätze mit Namen wie »Martiri della Libertà« und Gedenksteine zur Erinnerung an die Opfer der Nazi-Massaker. Manchmal standen ganze Dörfer auf den Gedenktafeln: Frauen, Greise, Kinder, den Repressalien der Deutschen zum Opfer gefallen. Andrae war erschüttert. Weshalb hatte er noch nie von diesen schrecklichen Verbrechen gehört? Ausgerechnet in der Toskana, der mit Abstand beliebtesten Urlaubsgegend der Deutschen, stieß er auf die meisten zivilen Opfer der Nazigrausamkeit. Wussten diese Touristen, was die ältesten Toskaner empfanden, wenn sie hörten, wie in ihren Dörfern wieder Deutsch gesprochen wurde?

So kam es, dass Andrae nach seiner Pensionierung zum ersten Mal systematisch in seinem Buch die Geschichte erzählte, die sich fünfzig Jahre zuvor ereignet hatte und der Mehrzahl seiner Landsleute unbekannt war. Im Jahr 1995 schrieb er: »In Deutschland liegt bis heute eine Decke des Schweigens über den an der italienischen Zivilbevölkerung verübten Verbrechen.« Nur in der DDR war eine »Geschichte des italienischen Widerstands« erschienen, das in den fünfziger Jahren von Romano Battaglia verfasste Standardwerk. Andrae, ein gebildeter Mann im Alter meiner Mutter, hat ein Buch geschrieben, das man unmöglich in einem Zug durchlesen kann. Ausführlich beschreibt er das Gemetzel in Padule di Fucecchio, wo in einer einzigen Nacht 184 Menschen erschossen wurden, darunter 63 Frauen und 27 Kinder, das jüngste gerade ein Jahr alt. Andrae hat es nicht eilig, seine Bilanz der Toten abzuschließen, sondern füllt Seite um Seite mit der Rekonstruktion des Massakers in Marzabotto und in benachbarten Dörfern, wo die Deutschen innerhalb einer Woche 960 Menschen ermordeten, darunter 216 Kinder, 317 Frauen und 141 Männer über sechzig. Augenzeugen, die das Blutbad überlebten, aber vor allem die elenden Überreste der Opfer selbst offenbarten, mit welcher Grausamkeit die Henker gegen sie gewütet hatten. Von Kugeln durchsiebte Leichen, andere bei lebendigem Leib in Kirchen oder Häusern verbrannt, von Handgranaten zerrissen. Schwangere Frauen mit aufgeschlitzten Bäuchen, aufgespießte Mädchen, gepfählte Kinder. Man muss während der Lektüre des Öfteren innehalten, um wieder zu Atem zu kommen.

Andraes Buch hat mich tief berührt: Ich erkannte darin die intellektuelle Aufrichtigkeit eines alten Deutschen und zugleich einen Akt großer Liebe zu meinem Land. Und dass ich wenige Stunden vor Cecilias Geburt mit Friedrich Andrae zusammengesessen hatte, erschien mir als ein gutes Vorzeichen für die Zukunft meiner Tochter.

Das Reihenhochhaus

Ich zog nur ein einziges Mal aus Hamburg fort, in einen Vorort dreihundert Meter jenseits der Stadtgrenze. Die Gegend war wegen der langen Straße berühmt, an der ein riesiges Gewerbegebiet entstanden war; hier gab es ein Babydorf, Baumärkte, Bettenparadiese, Gartenzentren, Möbelhäuser, Mode- und Mediamärkte. Eine Straße in Norddeutschland, die sich jedoch genauso gut in Nevada oder an einer Autobahnausfahrt zwischen Mailand und Bergamo hätte befinden können. Auch hier verlief die Autobahn ganz in der Nähe, und dahinter waren Felder und Baumschulen, die das Gewerbegebiet von den Wohnsiedlungen trennte. Hier kam ich mit einem deutschen Volk in Berührung, das mir bisher unbekannt gewesen war.

Kurz zuvor war meine zweite Tochter zur Welt gekommen und weinte jeden Tag stundenlang ununterbrochen, weil sie von Blähungen gequält wurde. Ihre Beinchen wurden durch eine Spreizhose festgehalten, die eine Hüftanomalie korrigieren sollte, so dass die Kleine nicht einmal strampeln konnte, um ihre Bauchschmerzen und das Ohren- (und Herz-)Weh ihrer Mutter zu lindern.

Es war Winter. Das Schwesterchen besuchte einen Kindergarten, der nur mit dem Auto zu erreichen war, weil ich in dem Kindergarten in der Nähe unserer Wohnung keinen Platz bekommen hatte. Frühmorgens weckte ich die Neugeborene, wenn sie noch schlief, packte sie in einen Schneeanzug, dann verließen wir drei das Haus und wurden draußen unter einem bleigrauen Himmel vom eisigen Wind zerzaust. Später kehrte ich nach Hause zurück.

Einmal stellte ich den Kindersitz mit der Neugeborenen vor dem Haus ab, zog die Schlüssel aus der Tasche, suchte den richtigen heraus und versuchte, ihn ins Schloss zu stecken, aber im selben Moment fiel mir der schwere Schlüsselbund aus der Hand und landete auf dem Gesicht meines ahnungslos schlafenden kleinen Mädchens. Es war ein jähes Erwachen, begleitet von herzzerreißendem Gebrüll. Der heilige Petrus erbarmte sich unser: Die Schlüssel hatten nicht das Auge getroffen, und die zarte Haut des Gesichts war nur an einer Stelle leicht geritzt. Allerdings unterschätzte ich den kleinen Schnitt, der mitwuchs, bis ein Stigma in meinem Gewissen daraus wurde.

Ich litt unter chronischer Müdigkeit, das Stillen zehrte

meine Kräfte auf, und den Rest gab mir die schreckliche Hausarbeit, während das größere Mädchen aus normaler Eifersucht auf die kleine Schwester permanent gegen die Mutter rebellierte. Jeden Tag kämpfte ich zwischen Stillen und Koliken gegen das Chaos, in dem ich zu ersticken drohte. Von der reinen Freude der Mutterschaft konnte bei uns keine Rede sein.

Eines Morgens läutete es an der Tür. Draußen stand der zwei Meter lange Ingo von gegenüber. Er verbrachte ein paar Tage Urlaub in seiner Wohnung, weil er vorhatte, sein Bad zu renovieren. In der Hand hielt er eine Flasche Bier. »Moin«, sagte er, »ich dachte, ich mach mal Pause und trinke ein Bier bei dir.«

Glänzende Idee! Ich erstarrte bei dem Gedanken an die Unordnung, in der ich lebte und die meine Mutter als »russische Revolution« bezeichnet hätte: ungespültes Geschirr, nicht zusammengelegte Wäsche, ein überquellender Abfalleimer, aus dem Schalenreste hingen, die frisch gewechselte Windel noch auf dem Badezimmerboden, die auf dem Teppich verstreuten Legosteine. Ich zitterte, teils aus Scham, teils aus Hilflosigkeit, und war den Tränen nahe vor Verzweiflung, dass es mir nicht gelang, den permanenten Aufstand des Alltags niederzuringen.

Ingo umrundete die Wäscheständerbarrikade im Flur, ließ sich auch von den kantigen Legosteinen unter seinen Fußsohlen – die Schuhe hatte er höflicherweise ausgezogen – nicht abschrecken, sondern ertrug mannhaft den Schmerz. Er machte auf dem Küchentisch Platz für seine Flasche und ein Glas, quetschte sich auf einen Stuhl, musterte mich vor dem chaotischen Hintergrund meines Lebens und sagte mit zufriedenem Lächeln: »Eines bewundere ich wirklich an den südländischen Frauen: dass sie es schaffen, völlig natürlich im absoluten Chaos zu leben, und sich nicht aus der Ruhe bringen lassen, sondern sich dabei auch noch wohl fühlen.«

Ingo war einer unter Hunderten von Nachbarn, die wie wir in den vier miteinander verbundenen siebenstöckigen Reihenhochhäusern wohnten. Es war eine riesige, vollkommen weiße Wohnanlage, die in diesem Hamburger Vorort aus einer vorwiegend aus Ein- und Zweifamilienhäuschen oder Reihenhäusern bestehenden Siedlung emporragte.

Diese Gegend, die rechts und links der S-Bahn-Linie entstanden war, hatte den seltsamen Namen »Krupunder«, dem eine rätselhafte Etymologie zugrunde zu liegen scheint, der im Plattdeutschen jedoch ganz banal »kriech unter« bedeutet. In Krupunder wohnten vor allem Kleinfamilien auf der Flucht vor der Großstadt, die sich nach der Geburt ihrer Kinder unversehens vor ihren Augen in ein bedrohliches Ungeheuer verwandelt hatte.

Auch wir waren in dieser Vorstadtidylle gelandet, die wir für einen Kompromiss zwischen dem italienischen Bedürfnis nach Urbanität und der deutschen Sehnsucht nach dem Landleben hielten. Aus finanziellen Gründen hatten wir uns nicht für ein Häuschen oder eine Doppelhaushälfte mit Garten entschieden, denn der Vater meiner kleinen Mädchen wollte noch einmal Erziehungsurlaub nehmen und nur halbtags arbeiten, wie schon bei unserer ersten Tochter. Er, der bei einem der aufgeklärtesten Blätter Deutschlands arbeitete, war der zweite Vater in deren Geschichte, der die Dreistigkeit besessen hatte zu beantragen, was ihm vom Gesetz her zustand. Die Teilzeitarbeit wurde genehmigt, doch seine geringe Anhänglichkeit gegenüber dem Verlag war dem damaligen Chefredakteur einigermaßen suspekt, denn da sein Mitarbeiter weder einen Roman schreiben noch seine Doktorarbeit beenden wollte, war ihm der Sinn des Erziehungsurlaubs nicht klar. Von Vaterschaft verstand er im Übrigen auch nicht sehr viel, wahrscheinlich deshalb, weil er sich in die Erziehung seiner vier Kinder nicht eingemischt, sondern die Sache seiner in der Schweiz lebenden Frau überlassen hatte.

Nach und nach wurde mir die Umgebung von Krupunder vertraut: eine semiurbane Landschaft von diskreter, wohl geordneter Hässlichkeit, die durch die dörfliche Freundlichkeit der Bäckerin, der Postbeamtin, der Bankangestellten, der Kassiererin im Supermarkt und des Fahrradhändlers und -reparateurs gemildert wurde.

Um sechs Uhr abends, wenn vor den wenigen Geschäften die Rollläden heruntergelassen wurden, herrschte in Krupunder trostlose Ruhe. Auch im Sommer waren hier die Kinderspielplätze nach achtzehn Uhr leer, anders als in der Stadt, wo nach sechs Uhr abends wenigstens die Ausländerkinder noch draußen waren und dem hellen Himmel des nordischen Sommers einen Sinn gaben, während ihre Eltern sich unter der hoch über den Dächern stehenden Sonne in den verschiedensten Sprachen unterhielten. In unserem Vorort hingegen gab es kaum Ausländer, abgesehen von den zahlreichen Japanern, die wegen der japanischen Schule bevorzugt in dieser Gegend wohnten – aber die gingen schon um fünf Uhr nachmittags nach Hause. Als Ausländer konnte man höchstens die paar Aussiedlerfamilien aus der ehemaligen Sowjetunion bezeichnen, die sich allerdings heftig dagegen verwahrten: Sie hatten deutsche Vorfahren und daher das Recht, die deutsche Staatsbürgerschaft zu beantragen, und legten größten Wert darauf, nicht für Russen oder Tschetschenen gehalten zu werden.

Einmal hatte ich die Idee, die Kinder aus der Kindergartengruppe meiner Tochter mit den verschiedenen Sprachen bekannt zu machen, die in den jeweiligen Familien gesprochen wurden, damit die kleinen Deutschen erfuhren, dass die Dinge nicht nur in ihrer Sprache einen Namen hatten. Aber es war unmöglich, von den Aussiedlerfamilien zu erfahren, welche Sprache sie vor ihrer Auswanderung gesprochen hatten. Beharrlich wiederholten sie mir gegenüber: »Wirr ssprrechen Deutsch!« Dabei fielen sogar mir die Fehler und der Akzent in »ihrem« Deutsch auf. Ich bin sicher, dass unter diesen immer zahlreicheren Neubürgern, die häufig als »Russlanddeutsche« bezeichnet werden, die meisten stolz auf ihr Deutschtum sind.

Zum ersten Mal seit meiner Ankunft in Deutschland fühlte ich mich von den Einheimischen mit Distanz und Überheblichkeit behandelt, was ich mir nur damit erklären konnte, dass viele Vorstadtbewohner den Umgang mit nichtdeutschen Bürgern nicht gewohnt waren. Der Urlaub auf Mallorca oder Teneriffa hatte ihren Horizont auch nicht erweitert. Es war, als setzte mein jeweiliger Gesprächspartner meine ungenügende Ausdrucksweise mit mangelndem Denkvermögen gleich.

In Cecilias Kindergarten besuchte ich einmal eine Elternveranstaltung über die Sprachentwicklung beim Kind. Das Thema hatte großes Interesse geweckt, und in der zum Vortragssaal umfunktionierten Eingangshalle des Kindergartens saßen rund hundert Eltern. Die Referentin war eine sehr eloquente Logopädin, und wir Eltern beteiligten uns mit Fragen und Bemerkungen lebhaft an der Diskussion, kurz: Es war ein gelungener Abend. Tags darauf kam die Kita-Leiterin, als sie mich im Gang sah, auf mich zu und fand Worte des Lobes für mich: »Bravo, Frau Romeo!«, sagte sie. »Ich finde es großartig, wie Sie sich gestern eingebracht haben.« Ich war bestürzt. Ein wenig war mir auch zum Lachen zumute, denn dass ich den Mund aufmachte, wenn ich etwas zu sagen hatte, fand ich selbstverständlich – schließlich hatte an dem Abend sogar eine gehörlose Mutter ihre Meinung geäußert. Ob auch sie von der Leiterin für ihren Mut gelobt worden war?

Ich ahnte, dass ich in diesem Vorort mein südländisches Temperament stärker als sonst hervorkehren musste, um der Abwehr meiner neuen Umgebung zu begegnen. Allerdings wurden meine freundlichen Ansätze gelegentlich auch missverstanden.

Als ich einmal mit Cecilia an der Hand nach Hause kam, traf ich Ingo, den Bier trinkenden Nachbarn, mit seinem Sohn auf der Straße. Es war ein schöner, sonniger Maitag, und Ingo kam vom Schwimmbad zurück. Schrecklich voll sei es dort gewesen, geradezu erdrückend, klagte er. Er hätte eben ins Freibad gehen müssen, warf ich ihm scherzhaft vor. Anfang Mai öffnen in Hamburg und Umgebung alle Freibäder, unabhängig vom Wetter, und ich prahlte, ich sei schon vor Tagen, an einem windigen, regnerischen Vormittag, im Freibad gewesen: in wunderbarer Luft, ohne Gedrängel am Eingang, und im Becken waren wir nur zu zweit, ich und eine ältere Dame, mit der ich später im Umkleideraum ein paar Worte wechselte, als wir uns nach dem erfrischenden Bad zufrieden wieder anzogen. Die Dame bemerkte meinen ausländischen Akzent und fragte, ob ich Skandinavierin sei, worüber ich lächeln musste. Dass sich eine Italienerin bei dieser Kälte ins Freibad wagte, hätte sie nie gedacht. Ich erzählte Ingo die Geschichte, und als ich berichtete, die Frau habe mich für eine Skandinavierin gehalten, sagte er: »Wieso, hast du blonde Schamhaare?«

»Du bist zu zutraulich«, bekam ich zu Hause zu hören, wohin ich schleunigst zurückgekehrt war.

Meine extrovertierte Art ließ auch meinen anderen Flurnachbarn nicht gleichgültig, einen älteren Herrn, der allein mit seinem kleinen Vogel und einem beträchtlichen Alkoholvorrat lebte. Wenn ich ihm begegnete, erkundigte ich mich nach seiner Gesundheit, und einmal lud er uns zu sich ein, um uns seinen gefiederten Sänger zu zeigen, was bei meinen Mädchen auf große Begeisterung stieß. Einige Zeit später hörten wir den kleinen Vogel nicht mehr singen. Der Nachbar vertraute mir an, er habe ihn tot im Käfig gefunden, und weil er es nicht übers Herz bringe, sich von ihm zu trennen, habe er die Leiche ins Tiefkühlfach gelegt. (Daran ist nichts Sonderbares, wenn ich bedenke, dass es die Deutschen mit ihren Toten genauso machen, die tage-, manchmal wochenlang im Kühlfach des Bestattungsinstituts auf das Begräbnis warten.)

Ich versuchte, ihn wegen des Verlustes zu trösten, und klopfte ihm mitfühlend auf die Schulter.

Ein paar Tage später läutete es abends gegen halb zehn, als die Mädchen endlich im Bett waren und ich gerade wieder zu Atem kam, an der Tür. Draußen stand mein alter Nachbar, nicht direkt in Trauerkleidern, sondern in T-Shirt und Unterhose, in der Hand eine Flasche Wein. Die wolle er mir schenken, sagte er – »ohne Hintergedanken«, wie er versicherte. Ich dankte ihm herzlich und bat ihn, mir nicht böse zu sein, dass ich sein Geschenk nicht annähme, ich tränke keinen Alkohol. Er ging anstandslos wieder in seine Wohnung, aber ein paar Tage später kam er noch einmal. Diesmal war er angezogen und brachte eine schon angebrochene Flasche Apfelsaft. Ich hatte nicht das Herz, sie abzulehnen.

Es verging eine ganze Weile, in der ich meinem Nachbarn nicht mehr im Aufzug begegnete, was mich, zugegeben, ein wenig erleichterte. Eines Abends jedoch läutete es wieder an der Tür, und ich zögerte, sie zu öffnen. Diesmal stand eine Frau Müller vor der Tür, die, wie sie erklärte, in der Kneipe »Tante Erna« arbeitete, einem der beiden Lokale, die es in Krupunder gab (das andere war natürlich eine griechische Taverne). Seit vielen Abenden, sagte sie, hätten Tante Erna, die achtzigjährige Besitzerin, und ihre Gäste meinen Nachbarn, der Stammgast im Lokal war, nicht mehr gesehen und machten sich allmählich Sorgen um ihn. Ich bat sie herein, und wir riefen die Krankenhäuser in der Umgebung an, bis wir im Krankenhaus von Pinneberg meinen Nachbarn tatsächlich fanden. Man habe ihn auf der Straße aufgesammelt und werde ihn jetzt auf Entziehungskur schicken. Ich fühlte mich ein wenig schuldig, weil mir sein Verschwinden nicht aufgefallen war, und dankte Frau Müller für ihre Anteilnahme.

Nach sechs Wochen war er wieder da, in bester Laune. Er war in einer schönen Klinik gewesen, wo sein Atem wieder rein geworden war. Bei »Tante Erna« warteten Frau Müller und seine Trinkkumpane auf ihn. Zu Hause ein tiefgefrorener kleiner Vogel.

Zwei- und Vierbeiner

Die meisten unserer Freunde erholten sich nur mühsam von ihrem Schrecken, wenn sie zum ersten Mal vor unserem riesigen Reihenhochhaus standen. Wer in Deutschland in einem Haus mit mehr als fünf Stockwerken wohnt, also nicht in einem der Altbauten aus der Gründerzeit, die vor allem beim Bildungsbürgertum sehr begehrt sind, gilt bei ebendiesem Bürgertum als eine Art Sozialfall. Eine Wohnung in einem Hochhaus ist in ihren Augen wie ein Brandmal, ein Platz für Sozialhilfeempfänger, gescheiterte Existenzen und Ausländer.

In Wirklichkeit bestand unsere weiße Anlage aus Miet- und Eigentumswohnungen. Hier wohnte der Kern der deutschen Bevölkerung: Facharbeiter, Angestellte, Handwerker, Kleinunternehmer. Die Männer surften abends im Internet, viele Kinder verbrachten den Nachmittag an der Playstation.

Die frisch verputzten Außenmauern waren nicht mit Graffiti verschmiert. An den Treppenhauswänden waren keine Fußabdrücke, und auf dem Boden lagen keine Zigarettenkippen. Herr Schmidt, der Hausmeister, ein Rentner und ehemaliger Schlosser, war immer bereit, in seiner Werkstatt in der Tiefgarage alles zu reparieren, was im Haus zu Bruch ging, und darin erinnerte er mich an meinen Großvater. Für die Kinder im Haus war er tatsächlich eine Art Großvater. Alle wussten, dass er der Erbauer des gefederten, wippenden Holzpferdchens war, das auf dem eingezäunten Spielplatz stand. Sobald die Schaukel zu quietschen begann, rückte er mit dem Ölkännchen an. Herr Schmidt pflegte auch die Wiese rund um die Anlage, auf der er jeden Sommer ein Fest organisierte, mit Spielen für die Kinder und Musik und billigem Bier bis tief in die Nacht. Das Fest begann nachmittags, wenn die Frauen aus dem Haus ihre selbst gebackenen Kuchen und Torten anschnitten. So bot sich den Bewohnern des riesigen Wohnkomplexes, die einander sonst fremd geblieben wären, eine Gelegenheit zusammenzukommen. Herr Schmidt war ein wundervolles Exemplar der Gattung Sozialwesen, die vom Aussterben bedroht ist.

Als meine Mutter zum ersten Mal aus Italien kam, rief sie beim Anblick des leuchtend weißen Verputzes, der Wiese und der grünen Kastanien, der spielenden Kinder und der Blumen in den großen Töpfen vor den Hauseingängen aus: »Was für ein hübscher Ort!« Offensichtlich schlägt das Herz der Völker für die gleichen Dinge im gleichen Takt!

Der idyllischste Platz war der Krupunder See, an dem im Sommer die Kinder mit nacktem Po im Wasser planschten. Einmal wollte ich mich dort im Juli zusammen mit meiner Schwester, die aus Italien zu Besuch gekommen war, auf dem winzigen Strand in die Sonne legen. Auch sie war ganz entzückt, abgesehen davon, dass sie sich einen fürchterlichen Sonnenbrand an den Armen holte. Eigentlich durfte hier niemand baden, vor allem deshalb, weil sich die Gemeindeverwaltung, die den Zugang zum Wasser nicht mit einem Zaun behindern wollte, mit den Verbotsschildern jeglicher Haftung für Unglücksfälle entzog. Die Eltern sollten also wissen, dass sie verantwortlich seien, falls ihre Kinder im See ertränken – als brauchten sie die Schilder der Gemeinde, um sich daran zu erinnern.

Viele Hundebesitzer hatten nicht die geringsten Skrupel, ihre Tiere genau dort freizulassen, wo die Kinder im Wasser spielten, auch wenn sie damit oft den Protest der Mütter auslösten. In den letzten Jahren mussten die Lokalnachrichten mehrmals von Kindern berichten, die von frei laufenden Kampfhunden zerfleischt worden waren. Auf die Vorhaltungen der Eltern entgegneten die Hundebesitzer empört, schließlich badeten auch die Kinder im See, und die Tiere müssten die geworfenen Stöckchen aus dem vom Urin der inkontinenten Kleinen verseuchten Wasser holen.

In einem Winter hatten wir viel Schnee, und ich wollte mit meinen Mädchen am See spazieren gehen, doch als ich dort ankam, erschauderte ich: Der Schnee am Ufer war gelb gestreift. Überall rund um den See herum tobten Hunde. Seither habe ich diesen Strand im Sommer nie mehr barfuß und mit einem Badetuch betreten.

Beim Thema Hunde und Hundebesitzer bin ich empfindlich geworden. In dem tiefgrünen, wunderschön bewachsenen Park an der Außenalster, in dem Kastanien, jahrhundertealte Buchen und Rhododendren stehen, fand ich kaum ein Bonbonpapier oder eine Zigarettenkippe auf dem Boden, aber Luxushunde, so reinrassig wie ihre Begleiter, mit Augen so groß wie Untertassen, benutzten diesen Park zur Ertüchtigung und Verrichtung ihrer Notdurft.

Ich will mich nicht zu lange beim Thema Ausscheidungen aufhalten, das allerdings wegen der damit verbundenen Unannehmlichkeiten für die unachtsameren und ahnungsloseren Bürger wie zum Beispiel Kinder nicht nebensächlich ist. Was mich aber am meisten bestürzt, ist der moralische Aspekt. Ich frage mich, was diese Deutschen dazu bringt, die Rechte ihrer Tiere als eine Art natürliche Erweiterung ihrer eigenen Rechte als Staatsbürger zu betrachten. Wie kann die germanische Welt, die sonst so sehr auf das Allgemeingut achtet, ein Kind faktisch mit einem Hund gleichsetzen? Hier begann ich zu glauben, dass sich etwas Krankes in diese Gesellschaft einschleicht, in der die Menschen eher für ihre Tiere Opfer bringen, als für ihre Kinder und ihre Alten. Man geht spazieren, und der Hund ist ein Gesprächsthema: wie viel er frisst, woran er leidet, wie viel er in der Schule gelernt hat. Oder man prahlt mit dem Hund, er ist ein Statussymbol wie die italienischen Designermöbel oder der Alfa Romeo.

Einmal fuhr ich mit meinen Mädchen im Bus – das eine war drei Jahre alt, das andere konnte noch nicht laufen und saß im Buggy. Ich stellte mich in die Mitte, wo sich eine Plattform eigens für Kinderwagen befindet. An einer Haltestelle stieg eine junge Frau mit einem großen Schäferhund ohne Maulkorb ein und stellte sich neben uns. Alessia streckte ihr Händchen aus dem Buggy, um den Hund zu streicheln, woraufhin mich die Frau mit strenger Miene rügte: »Halten Sie sie bitte zurück, mein Hund hat Angst vor Kindern, er ist einmal von Kindern misshandelt worden.«

Es ist sogar leichter, mit einem Hund in der Wohnung akzeptiert zu werden, als mit einem Kind, vor allem, wenn es noch auf allen vieren unterwegs ist. In Krupunder, unserem Vorort, wohnten Günter und seine Frau, ein Paar in meinem Alter, mit ihrem Hund eine Etage unter uns. Eines späten Nachmittags klingelte Günter an meiner Tür und ging wie eine Furie auf mich los: Ich solle unverzüglich dafür sorgen, dass die Kinder nicht mehr auf dem Boden umhersprängen. Zu der Zeit war nur Alessia zu Hause, die noch nicht auf eigenen Füßen stand und friedlich im Flur auf und ab krabbelte.

Günter schien mir nicht in der richtigen Gemütsverfassung, um zu begreifen, wie absurd seine Forderung war, die offensichtlich gegen das Gesetz der Natur verstieß: Ein neun Monate altes Kind kann nicht laufen, geschweige denn springen und im Übrigen auch nicht länger als fünf Sekunden still sitzen.

Das war noch nicht alles. Ein paar Tage danach läutete die Türglocke abends um fünf nach acht. Ich war damit beschäftigt, die Kinder ins Bett zu bringen, die Größere war im Bad und putzte sich die Zähne. Bleich vor Wut herrschte Günter mich an, die Kinder müssten ab zwanzig Uhr schlafen, da lasse er nicht mit sich reden. Natürlich war ich mir darin mit meinem Nachbarn völlig einig: Auch ich hätte mir nichts sehnlicher gewünscht, als dass meine Mädchen, vor allem das Neugeborene, ihre Mama nach acht entließen und sich in Morpheus' Arme begäben. Ich versicherte ihm, ich würde mein Bestes tun, um seinem Befehl nachzukommen, das heißt natürlich, seine Wünsche zu erfüllen, die ja auch die meinen seien. Aber wie sollte es mir gelingen, die südländischen Nachtschwärmergene meiner Mädchen den nordischen Sitten anzupassen, wonach das Abendessen um halb sieben und das Ausschalten von Licht und »Motor« um halb acht stattzufinden haben.

Doch Geduld war nicht Günters starke Seite. Ein paar Tage später stand er zur fatalen Zeit, also um acht Uhr abends, von neuem zornentbrannt auf der Schwelle meines Heims: »Wenn die Kinder nicht sofort ruhig sind, komme ich wieder und nagle sie an die Wand«, brüllte er. Als Cecilia, die in dem Moment im Zimmer nebenan unter die Bettdecke schlüpfte, diese Drohung hörte, begann sie vor Angst zu zittern. »Mach dir keine Sorgen, die Mamma ist ja da und beschützt dich«, sagte ich ohne große

Überzeugung, nachdem Günter wieder fort war und ich die Tür verriegelt hatte.

An einem Sonntagmorgen ein paar Wochen später, als die Große ihre Schwester aus dem Gitterbettchen geholt hatte und die beiden friedlich in ihrem Zimmer spielten, begann Alessia, mit einem Spielzeug auf den Boden zu hauen. Cecilia, die gerade drei geworden war, sagte zu ihr: »Leise, sonst kommt Günter und nagelt uns an die Wand!«

In anderen Wohnungen griffen die Eltern, wenn die Kinder störrisch waren, zu unglaublich wirkungsvollen Drohungen: »Gleich ruf ich den Weihnachtsmann an und sag ihm, dass du nicht brav bist, dann bringt er dir dieses Jahr keine Spielsachen.« Bei uns zu Hause reichte es, »Günter …« zu sagen, und die Mädchen begriffen sofort, dass es jetzt ernst wurde. Er war unser »schwarzer Mann«, seine Präsenz vibrierte unter unseren Füßen – wir und er waren unzertrennlich geworden.

Unser Wohnexperiment in diesem Vorort dauerte drei Jahre, dann zogen wir zurück in die Stadt. In der »neuen« Wohnung hatten wir bereits vorher gewohnt und kannten deshalb schon einige Nachbarn. Vor den Namen an den Türklingeln erklärten wir der knapp dreijährigen Alessia, wo Nina und Eleonora wohnten und Petra mit Jakob und Felix.

Irgendwann fragte Alessia: »Und wo wohnt Günter?«

Die Furcht vor Uniformiertheit

Das Kind, drei oder vier Jahre alt, lief direkt auf die Hafenmole zu, zu einer Stelle ohne Geländer – einen halben Schritt, und es würde in die grauen Fluten der Elbe stürzen. Es war von Mutter und Vater fortgerannt.

Ich befand mich auf halbem Weg zwischen Eltern und Kind und war alarmiert. Mir gefror das Blut in den Adern. Ich hätte das Kind niemals packen können, dazu war ich zu weit entfernt, außerdem schienen mir meine Beine nicht zu gehorchen. Aber es blieb rechtzeitig stehen. Es fiel nicht in den kalten, trüben Fluss, sondern starrte auf ein großes Containerschiff, das in diesem Moment in den Hafen einfuhr.

In der Zwischenzeit hatten die Eltern das Kind eingeholt. Sie machten ihm keine Vorwürfe und schrien es nicht an, nichts in ihren Mienen zeugte von Angst oder Erleichterung, sie blieben ruhig und gelassen. Für sie hatte sich nichts Besonderes ereignet, während ich vor Angst fast gestorben wäre.

Das war meine erste Lektion in Sachen Erziehung zur Unabhängigkeit. Ich hatte noch keine Kinder und hatte soeben gelernt, dass ein Kind von drei oder vier Jahren schon für sich verantwortlich sein, eine Gefahr erkennen und ihr ausweichen kann. Ein italienisches Kind an seiner Stelle hätte rings um sich einen Sicherheitskordon aus eifrigen Müttern, Großmüttern und Tanten gehabt, die es ihm erlaubt hätten, den Fluss aus einem sicheren Abstand von drei Metern zu betrachten. Sie hätten es keinen Moment aus den Augen und vom Gängelband gelassen, selbst wenn es zwölf Jahre alt gewesen wäre. Wer in Italien an einem der seltenen Kinderspielplätze vorbeikommt, kann sehr schön beobachten, was die Mütter und Großmütter tun. Sie stellen sich am Fuß der Rutsche auf, überzeugt, dass ihr Kind oder Enkelkind beim Hinaufsteigen oder beim Landen ihre Hilfe benötigen wird. In Deutschland dagegen sitzen sie auf den Bänken und unterhalten sich oder lesen. Wenn ein Kind hinfällt und weint, schnellen sie nicht in die Höhe wie eine Feder, sondern warten, bis es sich wieder aufstellt und von sich aus zu ihnen kommt.

Als ich noch nicht lange in Deutschland lebte, hatte ich für drei Wochen einen Kollegen zu Gast, einen italienischen Journalisten, der sich leidenschaftlich mit der deutschen Sprache beschäftigte. Später musste ich einmal aus beruflichen Gründen nach Mailand und fragte, ob ich ebenfalls bei ihm übernachten könne. Viel zu spät fiel mir ein, dass er noch bei seinen Eltern wohnte. Er war fünfunddreißig und Reporter bei einem angesehenen Wirtschaftsmagazin.

Eines Morgens, als wir gemeinsam beim Frühstück saßen, das seine Mamma uns aufgetischt hatte, musste er in sein Kinderzimmer zurückgehen und andere Socken anziehen, weil sie farblich nicht zur Hose passten, worauf ihn seine Mutter ganz richtig aufmerksam gemacht hatte.

In Deutschland sieht man sechs- oder achtjährige Kinder, die mit der Schultasche auf dem Rücken allein in der U-Bahn und im Bus fahren. Die Eltern versuchen grundsätzlich, so schnell wie möglich für die Kinder entbehrlich zu werden, und führen sie früher als in südlichen Ländern ins Erwachsenenleben ein.

Ich erinnere mich an ein Mädchen, das mit seinen Eltern von einer anstrengenden Wattwanderung zurückkehrte. Es war Sommer, und durch den zähen Schlick des Watts läuft man barfuß. Bevor man die Sandalen wieder anzieht, lässt man den grauen Schlamm an den Füßen einfach trocknen. Das Mädchen ging neben seiner Mutter her und passte seine kleinen Schritte dem Tempo der Erwachsenen in der Gruppe an. Die Kieselsteine auf dem Deich piekSten ihr in die zarten Fußsohlen. »Mir tun die

Füße weh«, jammerte die Kleine verhalten. Sie hatte wahrscheinlich das Gefühl, auf Erbsen zu gehen. Die Mutter antwortete, durchaus nicht schroff, aber unerbittlich: »Ich weiß, mir auch.« Der Vater nahm das Kind nicht auf den Arm, es marschierte weiter und beschwerte sich nicht mehr.

Meinem italienischen Herz erschien das grausam. Aber mit der Zeit lernte ich diese Bemühungen schätzen, selbständige Menschen großzuziehen und keine Anhängsel von Müttern und Familien.

Inga, unsere erste Babysitterin, hatte mit einem Aushang am schwarzen Brett im Supermarkt nach einem Job gesucht. Sie war dreizehn Jahre alt und passte nun auf ein dreijähriges Kind und ein Baby auf. Als ich sie fragte, ob nicht ihre Familie die Leute, zu denen sie abends ging, kennen lernen wolle, antwortete sie, ihre Eltern (ein Arzt und eine Lehrerin) verließen sich auf ihr Urteil.

Als Folge der Erziehung zur Unabhängigkeit lösen sich die Deutschen viel früher von ihrer Ursprungsfamilie. Viele junge Leute studieren nicht in ihrer Heimatstadt. Wenn sie später im Berufsleben stehen, wechseln sie im Vergleich zu Gleichaltrigen in Südeuropa häufiger den Arbeitsplatz und auch den Wohnort, vor allem finden sie leichter eine Arbeit, die sie unabhängig werden lässt. Wenn sie arbeitslos sind und die Eltern sie nicht unterstützen können, bekommen sie Sozialhilfe.

In der Stadt leben die Menschen überwiegend weit entfernt von den übrigen Familienmitgliedern. Die Deutschen müssen sich früher auf sich selbst oder auf außerfamiliäre Bindungen verlassen. Vor allem, wenn man Kinder hat, werden die Netzwerke aus Freunden und Nachbarn unverzichtbar; in Deutschland sind sie viel häufiger als in einem Land wie Italien, wo Solidarität noch an Verwandtschaftsbeziehungen gekoppelt ist, an eine Art Stammesvermächtnis, das eher in den Köpfen der Menschen als in der Realität existiert, aber oft genug das Zustandekommen einer wenigstens zweckgebundenen Kooperation mit »Familienfremden« verhindert. Träfe es tatsächlich zu, dass sich noch immer die italienischen Großmütter mit Hingabe um den Nachwuchs kümmerten, so wäre nicht zu erklären, weshalb die Italienerinnen, nicht anders als die Deutschen, aufgehört haben, Kinder in die Welt zu setzen.

Nichts prägt den Menschen, seine Mentalität, sein zukünftiges Verhältnis zu sich und zur Welt so sehr wie die Erziehung. Doch das Erziehungssystem ist oft die Folge der Erfahrung, die der Einzelne und sein Umfeld mit der eigenen Geschichte gemacht haben. Auch das fällt in Deutschland auf, wenn man einen Blick auf staatliche und städtische Kindergärten wirft. Es zeigt sich auch in den kleinen Dingen. Zum Beispiel in der Furcht vor Uniformität.

Wie oft habe ich an den Flecken auf Pullovern und Hosen erraten, was es im Kindergarten zu essen gab. Warum verwendet man dort keine Überkleider?, fragte ich mich. Sie sind hübsch, bunt, kariert, jede Gruppe trägt Kittel in einer anderen Farbe. Sogar in den Kindergärten in Reggio Emilia, die auch hier in Deutschland als Stätten der fortschrittlichsten Pädagogik der Welt gelten, als eine Art irdisches Paradies für die Kleinsten, werden Kittel getragen! Derart geschützt, können die Kinder ungehindert mit Farben und Knetmasse hantieren und essen, ohne befürchten zu müssen, dass sie sich mit Soße bekleckern.

Tatsache ist, dass hier in Deutschland ein weicher pastellfarbener Kittel als Uniform betrachtet wird, die aus einem Kind ein formloses Teilchen in einer undifferenzierten Masse macht.

Über dieses Thema unterhielt ich mich mit Loredana, der italienischen Lehrerin an der kleinen Grundschule von Bussoleno, die Cecilia zweimal im Jahr, wenn wir zu den

Großeltern im Piemont fahren, für ein paar Tage als Gastschülerin besucht. Loredana hat schon die Eltern der Kinder unterrichtet, die heute in ihrer Klasse sitzen. Sie hält Kittel nicht nur für einen praktischen Schutz, sondern meint, damit würden auch soziale Ungleichheiten zwischen Kindern gemildert. Und das sei heutzutage doppelt nötig, denn die Kinder seien von klein auf durch Werbung und Mode konditioniert und sehr wohl in der Lage, Markenkleidung von No-Name-Klamotten zu unterscheiden. In diesem Sinne uniformiert ein Kittel die Kinder, allerdings nur äußerlich und sicher nicht hinsichtlich ihrer Persönlichkeit.

Nicht in jeder italienischen Grundschule, aber in fast allen italienischen Kindergärten sind Kittel die Regel; sie wurden vor allem aus praktischen Gründen aus früherer Zeit übernommen. Gleichheitsgründe stoßen nicht bei allen Lehrern und Lehrerinnen auf Zustimmung.

Dass diese Kittel in Italien so verbreitet sind, möchte ich also nicht ideologischen Gründen zuschreiben, ziemlich sicher bin ich mir jedoch, dass sie in Deutschland gerade aus ideologischen Gründen verpönt sind. Das unschuldige kleine karierte Überkleid weckt die Angst vor der im Nationalsozialismus, aber auch in der DDR geförderten Uniformiertheit.

In Deutschland schließt man keine Kompromisse: Jedes Kind (und jeder Erwachsene) ist ein eigenständiges Individuum und darf nicht aufgrund von Reglementierungen mit allen anderen in einen Topf geworfen werden. Dieses Prinzip wird bis zum Paradox eingehalten. Im Namen der Einzigartigkeit jedes Kindes verzichtet man in vielen Kindergärten auf gemeinsame Aktionen und lässt stattdessen Drei- und Vierjährige »wählen«, ob sie lieber singen, draußen im Sand spielen oder Papier zerschneiden möchten … Infolgedessen ist das freie Spielen sehr verbreitet: Damit die Spontaneität des Individuums nicht behindert wird, bleiben die Kinder sich selbst überlassen, die Erzieherinnen erfüllen ihre traditionelle Funktion als Aufseherinnen und greifen nur ein, um Streitende zu trennen oder einem Verunglückten zu helfen.

In dem kommunalen Kindergarten, den Alessia besuchte, gab es einen hohen Ausländeranteil. Die rund fünfundzwanzig Kinder in ihrer Gruppe sprachen mehr als zehn verschiedene Sprachen: Serbokroatisch, Paschtu, Urdu, Albanisch, Türkisch, Russisch, Ukrainisch, Italienisch, Kurdisch, eine afrikanische Sprache, Persisch … und Deutsch. Alessia, die mit drei Jahren überwiegend Italienisch sprach, sagte mit größter Selbstverständlichkeit die Namen ihrer Spielgefährten Bajut, Hamsa, Kuijtin, Maslum … und wies mich zurecht, wenn ich die Laute verstümmelte oder nicht gleich wusste, ob es sich um ein Mädchen oder einen Jungen handelte. So sehr mich das Schöne an dieser gemischten Welt im Kleinen rührte, kann ich nicht verhehlen, dass ich meine Zweifel hatte, ob Alessia beim freien Spielen Deutsch lernen würde … von den anderen Kindern! Wo waren, fragte ich mich, in einem Viertel, in dem noch nicht einmal besonders viele Ausländer lebten, die kleinen Deutschen geblieben?

Die deutschen Eltern hatten für ihre Kinder »andere« Kindergärten gewählt. Während es in Italien entweder die kostenlosen kommunalen Kindergärten gibt, denen die Kinder automatisch je nach der Straße, in der sie wohnen, zugewiesen werden, oder die privaten Kindergärten, für die bezahlt werden muss, ist in Deutschland die Auswahl viel größer, und die Kosten sind, je nach Einkommen, überall gleich, in den kommunalen Kindergärten wie in den kirchlichen, den Waldorf-, den Montessori- und den Rot-Kreuz-Kindergärten, aber auch in den winzigen Kindergärten von Elterninitiativen. Hier stellen die Väter und Mütter gemeinsam die Erzieherinnen ein und bestimmen das pädagogische »Konzept«, kaufen im Turnus ein, und manchmal kochen sie auch und putzen die Räume, die sich in den Städten oft im finsteren Souterrain oder Erdgeschoss eines Hauses befinden und nie einen Sonnenstrahl sehen. In diesen alternativen Gruppen und in den Kindergärten mit spezieller pädagogischer Orientierung sind die Plätze noch knapper als in anderen Einrichtungen. Die Eltern müssen zum Interview antreten, die Kinder müssen gut zur Gruppe passen, und wenn sie zu viel fernsehen oder zu viel Cola trinken, können sie für ungeeignet befunden und abgelehnt werden.

Ausländer wissen in der Regel nichts von den Alternativen zum kommunalen Kindergarten. Auch ich fand mich anfangs in diesem System nicht zurecht, setzte meine Tochter gleichzeitig auf acht verschiedene Wartelisten, und schließlich, nachdem ich überall Gespräche geführt hatte, bekam ich einen Platz im städtischen Kindergarten, den meine besser informierten deutschen Nachbarn gemieden hatten, weil sie ihn für zu »gewöhnlich« hielen. Sie wollten etwas Besseres für ihre Kinder – wollten kontrollieren, was ihnen beigebracht wurde, wollten die Kinder so lange wie möglich den Klauen des Staates entziehen und sie auf alle Fälle möglichst wenige Stunden am Tag in den Kindergarten schicken, um sie nicht zu sehr dem kollektiven Einfluss auszusetzen. Kindergärten, die um acht Uhr früh anfangen und um halb eins schließen, sind hier nach meiner Erfahrung die Regel. Es ist, als wäre der Kindergarten ein Abstellplatz, um den Müttern ein bisschen Erleichterung zu verschaffen, und kein Ort, an dem Kinder Anregungen aller Art bekommen, gemeinsam mit Gleichaltrigen die Welt zu erkunden. Wenn beide Eltern arbeiten, müssen sie meist mit öffentlichen Kindergärten vorlieb nehmen, die länger geöffnet sind; da diese aber einen schlechten Ruf haben, bleiben die Mütter, die nicht darauf angewiesen sind, schließlich zu Hause und verzichten mit Anfang dreißig auf einen Beruf. Kurz, die Familien, in denen beide Eltern arbeiten, sind also nur jene, die beim besten Willen nicht von einem einzigen Gehalt leben können.

Wenn ich Alessias Kindergarten betrat, wechselte ich ein paar Worte und ein Lächeln mit der albanischen oder der persischen Mutter, während es den wenigen deutschen Eltern, die oft im Jogginganzug kamen, anscheinend schwer fiel, sich sprachlich zu artikulieren und eine Begrüßung zu erwidern. Kein Wunder – in unserem öffentlichen Kindergarten waren nur die weniger akkulturierten Deutschen verblieben, die arbeiten gehen mussten und ihren Kindern nichts »Besseres« bieten konnten oder die es, wie wir Ausländer, nicht besser wussten.

Dieses System bewahrt die Kinder vor Kitteln und fördert mit großem Erfolg von klein auf die Unterschiede zwischen ihnen. Um es der Reglementierung durch den (demokratischen!) Staat zu entziehen, wird das Kind der individuellen Freiheit der Eltern überlassen, die vom Einkommen abhängt und je nach Bildungsstand ausgeübt wird. Das scheint mir eher Willkür als Freiheit zu sein.

Kinder der Wiedervereinigung

Dass es zwei Deutschlands gab, hatte ich in Italien nicht in Geschichte, sondern in Erdkunde gelernt. Die Frage, wie Berlin in Ost und West geteilt sein konnte, wo die Stadt doch ganz im Osten liegt, hatte ich mir nie gestellt.

Auch als mein Vater in seiner Eigenschaft als Stadtrat zu einer Rundreise durch Deutschland eingeladen wurde, achtete ich nicht darauf, von welchem Deutschland die Rede war. Erst viele Jahre später, als ich im Haus meiner Eltern Ordnung schaffen musste, fand ich zwischen alten Papieren, die sich im Lauf der Jahre angesammelt hatten, auch ein paar vergilbte Reiseprospekte aus der DDR in italienischer Übersetzung, »Repubblica Democratica Tedesca«. Mein Vater hatte die Reise damals nicht angetreten, doch andere Genossen ließen sich die Gelegenheit nicht entgehen, das Land zu besuchen, das ihnen als ideales Modell erscheinen musste: die legendäre deutsche Tüchtigkeit durch den Sozialismus gemäßigt, der Sozialismus perfektioniert durch deutsche Tüchtigkeit. Sie besichtigten ehemalige KZs und die dank neuer Fertigbausysteme in Rekordzeit aus dem Boden gestampften Plattenbauviertel, die das Problem der Wohnungsnot in der Nachkriegszeit endlich lösten.

Ich sah diese Bauwunder erstmals in Rostock, der Ostseestadt, die ein Ausbruch von Fremdenhass im August 1992 über Nacht weltweit bekannt gemacht hat. Im Stadtteil Lichtenhagen steckte eine Gruppe rechtsextremer Jugendlicher mit einem Molotow-Cocktail die untere Etage eines Hochhauses in Brand, in dem neben Deutschen auch Asylbewerber und vietnamesische Gastarbeiter wohnten. Beinahe wäre es zu einer Tragödie gekommen, wäre es den Männern, Frauen und Kindern nicht gelungen, sich zehn Stockwerke höher auf das Dach des Hauses zu retten, ehe sie im Rauch erstickten.

Es war das erste schwere Attentat gegen Ausländer, das die neunziger Jahre einläutete. Noch nicht zufrieden mit ihrer Untat, kamen die jugendlichen Randalierer an den folgenden Abenden wieder, um vor dem rauchgeschwärzten Haus zu demonstrieren und zu brüllen: »Deutschland den Deutschen, Ausländer raus«, während die Anwohner auf die Straße strömten und dem Schauspiel beiwohnten, das sich jeden Abend zur selben Stunde wiederholte. Die

Jugendlichen grölten wie die betrunkenen Fans einer zweitklassigen Fußballmannschaft, die gerade ein Spiel gewonnen hat.

Ich traf am Tag nach dem Brandanschlag in Rostock ein. Der WDR hatte mich beauftragt, für die Rundfunksendung »Radio Colonia« in italienischer Sprache zu erklären, was geschehen war, und die weitere Entwicklung zu verfolgen.

Als ich in Lichtenhagen aus der S-Bahn stieg, stand ich gleich vor den riesigen Wohnblocks. Das Haus mit den Rußspuren war an einer Seite mit einem Mosaik riesiger Sonnenblumen geschmückt. Mir fiel auf, dass sich die Wohnblocks nicht aneinander drängten, wie es in Italien üblich ist. Zwischen einzelnen Gebäuden gab es nicht nur Luft und Sonne, sondern auch gepflegte Grünanlagen mit Blumenbeeten und Fußwege mit Bäumchen und Bänken, die den alles beherrschenden Beton ein wenig auflockerten und der ganzen Anlage etwas Menschliches verliehen. Die Beschreibungen der Siedlung, die ich vor meiner Ankunft in den Berichten aus Rostock-Lichtenhagen gelesen hatte, hatten wesentlich schlimmer geklungen, als die Gegend mir erschien.

Ausgerechnet auf den gemähten Rasenflächen, so erzählten mir die Bewohner aus dem Viertel, hätten tagsüber mehrere Ausländer kampiert, die diesem Viertel zugewiesen waren, vor allem »Zigeuner«, die es in den geschlossenen Räumen, in denen sich Dutzende Menschen drängten, nicht aushielten. Manche verbrachten sogar die lauen Sommernächte im Freien, und nachdem sie schon draußen übernachteten, hätten sie sich nicht viel dabei gedacht, auch ihre körperlichen Bedürfnisse dort zu verrichten. Die Einwohner hatten sich mehrfach bei der Stadtverwaltung beschwert, die Abhilfe schaffen sollte, aber auf eine Antwort warten ließ.

Mit der Wiedervereinigung bekamen auch die neuen

Bundesländer im Osten ihr Kontingent an Ausländern. Nachdem sich die Ostgrenze geöffnet hatte, strömte eine große Menschenmenge nach Westen. Bis dahin waren die Ausländer, die sich in Ostdeutschland aufgehalten hatten, größtenteils aus Vietnam und Mosambik, aus Angola oder Kuba gekommen: Studenten und Arbeitskräfte, die von den sozialistischen Bruderstaaten ausgeliehen wurden. Doch die strengen DDR-Gesetze ließen jahrelang nicht zu, dass die Migranten Kinder zur Welt brachten, und sie lebten und wohnten relativ isoliert neben den Textilfabriken oder Baustellen, wo sie arbeiteten. Auf jeden Fall waren sie kaum sichtbar.

Und auf einmal hatten sich diese »Fremdkörper« zu einer lauten, Platz einnehmenden Horde vermehrt, die niemand mehr übersehen konnte. Die Bewohner von Rostock-Lichtenhagen hatten jetzt auch mehr Zeit, sich über die unerwünschten Nachbarn zu ärgern, denn die Rostocker Werften schlossen eine nach der anderen ihre Tore, die Leute saßen arbeitslos zu Hause.

Stadtverwaltung und Politiker verkannten den Ernst der Lage. Selbst in der Woche der Unruhen dachte niemand daran, die abendliche Schließung des Kiosks gegenüber dem Haus mit den Sonnenblumen anzuordnen: Dort wurde Alkohol verkauft, mit dem sich die jugendlichen Vandalen volllaufen ließen, um sich aufzuputschen, ehe sie die Konfrontation mit der Polizei suchten. Hingegen schickte die Stadtverwaltung jeden Morgen einen Trupp Arbeiter, um das aufgerissene Pflaster von Straßen und Gehsteigen instand setzen zu lassen, das die Randalierer pünktlich jeden Abend aufs Neue demolierten.

Die Bewohner von Lichtenhagen hatten zunächst geglaubt, die unternehmungslustigen Extremisten könnten zu einem Sprachrohr ihrer Wut und Frustration werden, und am Abend des Anschlags applaudierte sogar jemand, ohne zu ahnen, dass der Beifall als Anstiftung zu einem

Blutbad aufgefasst werden könnte. An den folgenden Abenden beobachteten die Leute verwirrt die wiederholten Zusammenstöße zwischen den überdrehten Jugendlichen und den Polizisten. Zahlreiche Autos wurden beschädigt oder angezündet, die Fensterscheiben der Bücherei gingen zu Bruch. Seinen schlechten Ruf wurde Rostock-Lichtenhagen nach diesen Vorkommnissen nicht mehr los.

Zehn Jahre später, 2002, kam ich noch einmal nach Rostock. Die Häuser der Altstadt waren renoviert, und die zuvor deprimierend grauen Mauern waren jetzt glatt verputzt und farbenfroh gestrichen. Beim letzten Mal hatten sich mir die Eindrücke von dieser Stadt wie Bilder aus einem Schwarzweißfilm eingeprägt – jetzt kam es mir vor, als wäre ich nie hier gewesen.

Doch in den großen Wohnblocks am Stadtrand standen nun sehr viele Wohnungen leer; ein Schicksal, das sie mit vielen hunderttausend Wohnungen in Ostdeutschland teiten. Sie waren überflüssig geworden, reif für den Abbruch – oder »Rückbau«, wie man jetzt sagt. Viele Ostdeutsche hatten sich im Westen Arbeit gesucht oder waren in die renovierten Wohnungen in der Innenstadt gezogen.

Das hatten vor etlichen Jahren auch Franziska und Andreas getan, die mit ihren beiden Kindern Jette und Andrée Rostock-Lichtenhagen verließen und näher zum Stadtzentrum zogen, wo sie eine kleine Doppelhaushälfte aus den dreißiger Jahren kauften. Andreas, von Beruf Schiffsbauingenieur, hatte mich zehn Jahre zuvor nachts auf der Straße aufgelesen. Ich hatte einen der Zusammenstöße zwischen Stadtguerilla und Polizisten verfolgt, um darüber zu berichten. Die Polizei hatte den U-Bahn- und Busverkehr lahm gelegt, und die Taxifahrer mieden den Schauplatz des Geschehens, wo sie nur Steinwürfe gegen ihre Windschutzscheibe riskiert hätten. Deshalb versuchte ich um ein Uhr nachts zu Fuß mein Hotel zu erreichen, das im Hafen der Stadt vor Anker lag: die »Maksim Gorkij«, ein ehemals russisches Schiff, wo ich mit anderen Journalisten Schlange stehen musste, um vom einzigen vorhandenen Telefon an Deck der Redaktion meinen Bericht durchzugeben.

Bis zum Hafen hätte ich kilometerweit eine gespenstische, nächtlich leere Stadt durchqueren müssen – riesige dunkle Leerflächen im Wechsel mit den schwarzen Umrissen der großen Wohnblocks. Noch kurz zuvor hatte ich gefürchtet, von der Polizei verprügelt zu werden, zu stürzen und von der Menge niedergetrampelt oder von einem Pflasterstein am Kopf getroffen zu werden, und nachdem ich mit heiler Haut davongekommen war, glaubte ich, ein grässliches, überflüssiges Abenteuer überstanden zu haben. Auf einmal merkte ich, dass etwa zwanzig Meter hinter mir ein Mann offensichtlich beschlossen hatte, seine Schritte den meinen anzupassen und mich weder zu überholen noch in eine Seitenstraße abzubiegen. Wie hatte ich nur so naiv sein können, mich in eine derartige Situation zu bringen, fragte ich mich, während ich das Schlimmste auf mich zukommen sah und sicher war, dass keiner je mit mir Mitleid haben würde. Aber da näherte sich ein Auto. Es war das erste Mal, dass in Deutschland ein Auto neben mir hielt – ich wäre selbst dann eingestiegen, wenn Frankenstein persönlich am Steuer gesessen hätte. Stattdessen saß dort Andreas: Wohl wissend, dass Rostock-Lüttklein um zwei Uhr nachts nicht gerade der ideale Ort für einen Spaziergang ist, hatte er intuitiv erfasst, dass ich in Schwierigkeiten war. Ich nahm sein Angebot, mich in mein Hotel zu fahren, begeistert an – genauso wie der arme Kerl, der sich an meine Fersen geheftet hatte und, weil er wie ich in Lichtenhagen gestrandet war, auch zu Fuß nach Hause wollte. Hätte der Mann bloß versucht, mit mir ins Gespräch zu kommen! Anscheinend war er dafür zu schüchtern gewesen oder hatte befürchtet, missverstanden zu werden.

Am Abend danach besuchte ich Andreas zu Hause, wo ich seine Frau Franziska kennen lernte. Wir unterhielten uns den ganzen Abend lang wie alte Bekannte. Sie hatten Arbeit und konnten die Wiedervereinigung mit einiger Gelassenheit betrachten. Sie waren keine dreißig, und ihre noch kleinen Kinder würden sich an die DDR irgendwann nicht einmal mehr erinnern.

Als ich sie zehn Jahre später wieder sah, holte mich Andreas am Rostocker Bahnhof ab. Ich stieg aus dem Zug und bemerkte gar nicht, dass er mich auf dem Bahnsteig mit einem Schild in der Hand erwartete, auf dem mein Name und die Worte »I AM HERE« standen – um auszuschließen, dass wir uns mit ergrauten Haaren, runderen Gesichtern und Bäuchen vielleicht nicht wieder erkannten.

Jette, die ältere Tochter, war inzwischen siebzehn und hatte sich zu einem kleinen Vulkan entwickelt, der hitzige Gedanken ausspie. Bei Familiengesprächen stellte sie ihren noch nicht einmal vierzigjährigen »Alten« Fragen, in denen die besondere historische Kluft zwischen diesen beiden Generationen sichtbar wurde: »Wie war denn das bei euch in der DDR?« Eines Tages war sie von der Schule nach Hause gekommen und hatte ihre Eltern empört gefragt: »Waaas!! Ihr habt eine Mauer quer durch Berlin gebaut!?«

Von einem mehrtägigen Besuch bei ihrer Großmutter zurück, äußerte sie leicht amüsiert und mit einer gewissen Nachsicht: »Die Oma hat wieder mal erzählt, wie schön in der DDR alles war.«

Ihr erwachsenes weibliches Vorbild ist Franziska, ihre schmale und wirklich hübsche Mutter, die zu DDR-Zeiten Softwareprogramme für Frachtschiffe entwickelte und von früh bis spät mit Kapitänen und Offizieren zu tun hatte. Heute programmiert Franziska Software für die Kommunalverwaltung, und wenn sie in den Westen kommt, um die Programme zu installieren, erregt der Anblick einer noch so jungen, berufserfahrenen Frau Verwunderung. »Warum sollten sich Frauen nicht für technische Sachen interessieren?«, fragt Franziska, die in den Jahren vor dem Mauerfall ihre Tochter in der Kinderkrippe, dann im Kindergarten untergebracht hatte, ohne sich deshalb je als schlechte Mutter zu fühlen, wie es den Müttern im wiedervereinigten Deutschland heute oft passiert.

Mit achtzehn war Franziska mit einer Freundin nach Prag getrampt und hatte auch sonst alles getan, was Jugendliche in diesem Alter so tun. Später war sie mit Andreas viel im Ostblock auf Reisen gewesen: in Polen, der Tschechoslowakei, Ungarn. Ob es dort nie ein Problem für sie war, Deutsche zu sein, will ich wissen. »Das Problem war nicht, dass wir Deutsche, sondern dass wir *Ost*deutsche waren«, antwortet Andreas und lacht. Er erzählt von einer Ungarnreise, auf der sich Franziska und er mit zwei Studenten aus Westberlin anfreundeten. Abends gingen die beiden Deutschlands getrennte Wege: Die Berliner wohnten im Park Hotel, wo sie mit Westmark zahlten, während Franziska und Andreas auf dem Campingplatz übernachteten.

Zusammen mit ihnen war ich noch einmal in Lichtenhagen, wo sie mir die vorhanglosen Fenster ihrer früheren Wohnung zeigten. Sie steht immer noch leer, ebenso wie zehn weitere Wohnungen im selben Stock.

In den sechziger Jahren wurden die ersten dieser Wohnungen gebaut, und die Leute zogen hier gern ein, weil sie geräumig waren. Außerdem hatten die alten Häuser in der Innenstadt keine Zentralheizung, und die Klos befanden sich im Hof. Heute bemühen sich Besserverdienende, die alten Häuser zu renovieren und die Taubenschläge am Stadtrand zu verlassen. In die Schlafstädte an der Peripherie ziehen die Neueinwanderer und viele deutschstämmige russische Staatsbürger: Sie bekommen Beihilfen, um eine

Unterkunft bezahlen zu können, die nicht viel billiger als eine Altbauwohnung in der Innenstadt ist.

Hier wohnten einst Ingenieure, Maschinisten und Hafenarbeiter, die – wohl oder übel – zusammenlebten, weil im Sozialismus alle auf ein gleiches Maß gestutzt wurden. Heute bleiben nur die sozial Schwachen in Lichtenhagen. Auch hier hat das Vorbild des Westens Schule gemacht.

Leider

Eines Abends war ich in Berlin bei der japanischen Jazzpianistin Aki Takase zu Gast, die zur Feier ihres Geburtstags ein Dutzend Freunde eingeladen hatte. Wir saßen rund um den Tisch und tunkten köstliche Sushis, von der Hausherrin selbst zubereitet, in Soja und Ingwer. Meine Tischnachbarin hatte rabenschwarze Haare, dunkle Augen und ein schönes, ausgeprägtes Profil. Da ich mit dem Berliner Akzent kaum vertraut war, ließ ich mich täuschen und fragte sie, ob sie ebenfalls Ausländerin sei. »Leider nicht«, antwortete sie.

Ich dachte daran, wie ich viele Jahre früher ebenfalls in Berlin, in Kreuzberg, wo ungefähr fünfzig Prozent der Einwohner Ausländer vorwiegend türkischer Herkunft sind, einmal in einer Kneipe gesessen und ein italienisches Buch gelesen hatte. Ein junger Mann um die zwanzig fragte, ob er sich an meinen Tisch setzen dürfe, wo noch etliche Plätze frei waren. Durch mein Buch neugierig geworden, suchte er das Gespräch, das er mit der Einleitung begann: »Ich wäre auch gern Ausländer.« Ich lebte erst seit kurzem in Deutschland und fand diesen Wunsch unverständlich. Im Grunde seien wir doch alle Ausländer, versuchte ich ihn zu trösten, er brauche doch nur eine Grenze zu überqueren, und schon sei er einer. Mein Argument überzeugte ihn nicht. Er sei kreuz und quer durch die Welt getrampt, erzählte er, habe sich unterwegs aber meist nicht als Deutscher zu erkennen gegeben. Häufig log er und erzählte den Leuten, die er unterwegs kennen lernte, er sei Holländer. Irgendwie kann ich es ihm nachfühlen, wenn ich heute an die Deutschen denke, die mir von ihrem Urlaub auf der Insel Mauritius erzählten, wo sie von den Einheimischen mit »Heil Hitler!« begrüßt wurden, oder von ihren Reisen in die Tschechoslowakei, wo man ihnen gern ein »Achtung, Achtung!« entgegenrief. Dabei versuchten die Einheimischen wahrscheinlich nur ihre paar Brocken Deutsch hervorzukramen, damit die Gäste sich wohl fühlten. Der jeweilige deutsche Tourist aber sprach von dem Moment an lieber Französisch. Vor einiger Zeit lernte ich eine Deutsche um die fünfzig kennen, die mir erzählte, das erste Mal in ihrem Leben, dass sie einen Anflug von Stolz auf ihre Nationalität empfunden habe, sei Anfang der achtziger Jahre gewesen, während der Friedensbewegung.

Natürlich teilt nicht die gesamte deutsche Bevölkerung dieses Unbehagen an der nationalen Identität. Aber es ist ein Gefühl, dem ich häufig begegnet bin – wie sonst ließe sich erklären, mit welcher Beharrlichkeit in den Medien regelmäßig über Fragen diskutiert wird wie: Was bedeutet es, deutsch zu sein? oder: Können die Deutschen Deutschland lieben / stolz auf ihr Land / auf ihre nationale Identität sein? Und so weiter.

Mein Vater findet, dass man in Italien ausgezeichnet lebt und man deshalb nirgendwo anders auf der Welt so gut leben kann. In New York war es sein größter Wunsch, ein italienisches Restaurant zu finden, wo er *pasta e fagioli* essen konnte. Als er in einem Restaurant in Deutschland vor einem dampfenden Teller Kartoffeln saß, ließ er sich nicht davon abbringen, dazu Brot zu bestellen. Seine größte Befriedigung besteht darin, mir am Telefon von der strahlenden Sonne südlich der Alpen vorzuschwärmen, als wäre meine Stimmung angesichts eines bleiernen Regenhimmels nicht schon trüb genug.

Der italienische Patriotismus aus *pasta e fagioli* und O *sole mio* ist ein wesentliches Kennzeichen unserer nationalen Identität, was immer die modernen Politiker mit ihren plumpen Wiederbelebungsversuchen von »Vaterland« und »Trikolore« dazu sagen. 2001 verschickte das italienische Konsulat von Hamburg eine Einladung zur Feier des 4. November, in der die Gäste aufgefordert wurden, sich »um die Fahne zu scharen«, um »unsere Heimatverbundenheit zu demonstrieren«. Viele, die die Einladung erhielten, bogen sich vor Lachen.

Hier in Deutschland wird die Frage der nationalen Identität mit großem Ernst behandelt. Wenn ein Land sich etwas wünschen könnte, wäre ein besonderer Wunsch dieses Landes *Normalität*: deutsch sein zu dürfen, ohne sich ständig mit den Verbrechen früherer Generationen auseinander setzen zu müssen; wie alle anderen in einem europäischen, demokratischen Land zu leben, die Verantwortung gegenüber international relevanten Fragen zu übernehmen, ein intaktes Gedächtnis für die Geschichte zu bewahren.

Den Wunsch nach Normalität teilen die Nachkommen der Opfer derselben Geschichte. Während einer von der jüdischen Gemeinde Hamburgs veranstalteten Debatte über »Auschwitz in der zweiten Generation« äußerte ein junger deutscher Jude, Sohn eines KZ-Überlebenden, sein Unbehagen darüber, dass er allein kraft seiner Position als Nachkomme von Holocaust-Opfern grundsätzlich auf der Seite des Rechts stehe: »Wir haben etwas unverdient Positives, während die anderen, die Nichtjuden, automatisch auf der falschen Seite geboren sind.«

Die Straße, in der die jüdische Gemeinde ihren Sitz und ihre Synagoge hat, ist für den Verkehr gesperrt und wird rund um die Uhr von einem bemannten Polizeifahrzeug bewacht. Wer Einlass begehrt, muss sich einer strengen Kontrolle unterziehen. Allein die Tatsache, dass sich in der Warteschlange jemand mit einem italienischen Personalausweis befindet, verzögert das Vorankommen erheblich. Normalität ist hier eine Illusion, und nach jedem Brandanschlag auf eine Synagoge, wie 1996 in Lübeck geschehen, geht die Illusion wieder verloren.

Die Referentin des Abends, die deutsch-jüdische Schriftstellerin Viola Roggenkamp, sagte: »Die Shoah sitzt mit den Deutschen am Tisch, sie legt sich in jedes Bett, stellt sich morgens mit ihnen unter die Dusche, sie ist immer und überall gegenwärtig.« Ironisch äußerte sie sich über die Suche nach einer harmonischen Beziehung zwischen den Kindern der Holocaust-Überlebenden und den Nachkommen der Täter, Vollstrecker und Mitläufer. Diese neuen Generationen Deutscher lernten Jiddisch oder machten jüdische Musik … An dieser Stelle meldete sich ein Zuhörer zu Wort, ein Dozent für jüdische Geschichte an der Volkshochschule, und wehrte sich gegen die Ironie der Referentin: Man müsse doch kein Jude sein, um zu begreifen, dass die Vernichtung der Juden eine Ungeheuerlichkeit war!

Ich hatte das Bedürfnis, aufzustehen und ein gutes Wort für jene einzulegen, die auf der falschen Seite geboren wurden. Ich erzählte davon, wie ich zusammen mit meiner Schwiegermutter den Dokumentarfilm über den Holocaust gesehen und welche Erleichterung ich empfunden hatte, dass ich nicht hier zur Welt gekommen war. In Deutschland geboren zu werden ist nicht leicht. Es ist keine normale Sache.

Im privaten Gespräch erzählte mir Viola Roggenkamp,

dass ihre Mutter Ende der dreißiger Jahre immer achtzig Mark im Geldbeutel hatte, um gegebenenfalls nach Italien fliehen zu können. Ein schöner Trost für mich – schließlich waren in Italien zu der Zeit die Faschisten an der Macht. Und ich fragte mich, ob die Referentin, die auf der Seite des Rechts geboren war, je bereit gewesen wäre, einem ihr unbekannten deutschen Mitbürger so viel Wohlwollen entgegenzubringen wie mir.

Die abgerissene Erinnerung

Das Erste, was früher ein frisch in Berlin eingetroffener Besucher sehen wollte, war die Mauer. Wer hätte sich diese moderne Befestigungsanlage je wirklich vorstellen können, die man entweder über Autobahnen oder mit dem Zug ohne einen einzigen Halt in der Deutschen Demokratischen Republik erreichte, diesen gewaltigen »Burggraben« rund um Westberlin. Als ich die Mauer 1990 zum ersten Mal sah, war ich enttäuscht. Sie wirkte überhaupt nicht bedrohlich. Ungefähr drei Meter hoch und oben mit einer Zementröhre, sah sie wie eine gewöhnliche Absperrung rund um eine Industrieanlage aus. Das also war die Mauer, die sich quer durch die Stadt, mitten durch ihr einstiges Herz gezogen hatte. Ihr vor allem verdankt Berlin seine Berühmtheit. In den Wörterbüchern sämtlicher Sprachen der Welt ging die »Berliner Mauer« in die Beispiele zum Stichwort »Mauer« ein, praktisch gleichgestellt mit der »Klagemauer« in Jerusalem. Fünfzehn Jahre nach dem Fall der Mauer suchen Berlin-Touristen noch immer nach ihr.

Inzwischen bietet die neue deutsche Hauptstadt dem Besucher die Pracht moderner Glaspaläste, die im Licht der Leuchtröhren erstrahlen, blau wie phosphoreszierende Adern, in denen die Nacht pulsiert. Berlin hat die Säle der wiedervereinigten Museen mit Atlas und Samt ausgekleidet, damit sie besser zu den ausgestellten Gemälden passen. Aus alten Bahnhöfen wurden Museen für zeitgenössische Kunst oder Einkaufszentren. Die besten Architekten der Welt wurden mit dem Bau edler Kaufhäuser in den Straßen des neuen alten Zentrums »Berlin Mitte« betraut. Die Stadt legte sich auch ein Jüdisches Museum zu, das, noch gar nicht eingerichtet, schon seine Tore geöffnet hatte, um seine schrägen Gänge zu zeigen: die Architektur selbst als Denkmal.

Dennoch suchen Berlin-Besucher nach wie vor unerschütterlich vor allem die Mauer, von der nicht einmal hinter dem Reichstag noch ein winziges Stück übrig ist, nicht einmal ein kleiner mahnender Rest, über den die Politiker, wenn sie von ihren Amtssitzen hinabschauen, gelegentlich nachsinnen könnten.

Gäbe es diesen Rest noch, wäre der Eindruck, dass die Fahnen auf dem Dach des Reichstags allzu zahlreich wehen, davon vielleicht ein wenig gemildert. Ein Stück Mauer, Bild vergangener Unterdrückung, wäre ein Gegengewicht zu dem mit seinen imposanten stilisierten Säulen unangemessen pompös wirkenden neuen Kanzleramt gewesen.

Touristen müssen sich Reiseführer zulegen, in denen genau angegeben ist, wo sich die wenigen noch erhaltenen Mauerreste befinden. Ich selbst war nie als Touristin in Berlin und weiß nicht, wo diese Überbleibsel stehen, aber ich habe mich gefragt, weshalb die Deutschen nicht wenigstens den Mauerverlauf auf dem Asphalt nachgezeichnet haben. Anscheinend wollten sie in größter Eile die riesige Narbe verschwinden lassen, die besser als alles andere ausgedrückt hätte, wie mühselig Westen und Osten wieder zusammenwachsen und wie langsam die Wunden der Geschichte heilen.

Berlin rührt mich, vielleicht, weil es das Herz der gequälten deutschen Seele ist. Wenn ich in den neunziger Jahren nach Berlin kam, erkannte ich die Stadt von einem Besuch zum anderen nicht wieder, oder anders: Ich konnte ihre Gesichtszüge nicht erfassen. Als wäre sie eine Person mit undefiniertem, wandelbarem Gesicht, das keinem anderen ähnelt. Ein leicht entstelltes Gesicht, das vernachlässigt wirkt.

Berlin ist nicht schmuck und ordentlich wie das übrige Deutschland. Hier hat die Vergangenheit unauslöschliche Spuren hinterlassen, hat Furchen gegraben, Mauern eingerissen und Leerräume geschaffen, und es sah aus, als wären die Lücken nicht mehr zu schließen. Aber die zeitgenössische Architektur hat das von den Bomben hinterlassene Vakuum und die ideologischen Gräben gefüllt. Der Potsdamer Platz, jahrzehntelang eine große, staubige Fläche, wurde in den neunziger Jahren zur größten Baustelle der Welt. Der alte Reichstag bekam eine Glaskuppel, von der aus die Besucher die Stadt von oben bewundern können. Vielleicht wird sich das alte Berliner Schloss, das von den Bomben beschädigt und zu DDR-Zeiten dem Erdboden gleichgemacht wurde, wieder aus der Asche erheben. Aber vor allem in Westdeutschland war es eine verbreitete Praxis, abzureißen, was der Krieg auch nur teilweise verschont hatte. So sind die Deutschen. Schnell beim Abriss und schnell beim Wiederaufbau.

Ich erinnere mich an einen mindestens zwanzig Stockwerke hohen Wolkenkratzer in Hamburg, bei dessen Bau Asbest verwendet worden war. Das Hochhaus stand am Beginn der Reeperbahn, der vor allem in den Abend- und Nachtstunden viel besuchten Hauptschlagader des Rotlichtviertels. Eines schönen Tages in den neunziger Jahren wurde das Hochhaus gesprengt, und die Skeptiker fragten sich, ob es nicht besser gewesen wäre, den Asbest tief vergraben in den Hohlräumen des Gebäudes zu lassen, statt eine Wolke feinster Partikel freizusetzen, die über dem Ort der Zerstörung aufstieg und sich, begünstigt vom hanseatischen Wind, über der ganzen Stadt ausbreitete. Nicht einmal ein Jahr später erhob sich an seiner Stelle ein riesiges Gebäude mit weiten Glasflächen, Latino-Lokale der üblichen Restaurantketten im Erdgeschoss: Tischchen und Stühle auf künstlich geschaffenen Plätzen unter Glaskuppeln.

Von den extremen Eingriffen der Deutschen in die städtische Architektur zeugen auch die Fassaden alter Häuser. Ob in einer bayerischen Kleinstadt, im berühmten Heidelberg oder in einer der ostdeutschen Städte, die nach der Wende renoviert wurden: Neu verputzt und neu gestrichen sehen die Häuser aus wie nach einem bautechnischen Lifting, die Unvollkommenheiten der Wände sind beseitigt, und das Gebäude hat seine Jugend wieder. Die Backsteinhäuser im Norden werden mit Sandstrahl geputzt, der die oberste Schicht abträgt und damit den Schmutz entfernt, aber nach dieser Behandlung sind die Häuser flammend rot und sehen aus wie gehäutete Tiere. Die pastellfarben gestrichenen Häuser in Heidelberg und in den bayerischen Dörfern erinnern stark an Cremetorten, und nur die Form ihrer Fassaden lässt ihr Alter erahnen – auch wenn man sich fragen muss, ob die eine oder andere nicht doch erst in der Nacht zuvor fertig wurde.

Dennoch lieben die Deutschen beispielsweise an Italien gerade die Spuren, die der Zahn der Zeit an den wunderschön abbröckelnden Mauern hinterlassen hat. Sie bewundern die durch Feuchtigkeit und aufeinander folgende Farbschichten entstandenen Schattierungen, die alten Leitungsrohre, die aus dem Putz hervorstehen wie Knochen aus einem alten Körper, die Ritzen, in denen sich Pflanzen ansiedeln, die rissig gewordenen Mauern, auf denen sich Eidechsen in der Sonne räkeln …

Der Tourist aus dem Norden liebt es, an den sichtbaren Anbauten und Hinzufügungen aus Jahrhunderten das Alter der Gebäude abzulesen. Was die Deutschen bei sich zu Hause nicht dulden können, versetzt sie im Ausland in Entzücken. Aus Liebe zu den »Kunststädten«, die wir Italiener einfach alte Städte nennen, erwerben sie sogar antike Ruinen an abgelegenen Orten im italienischen Hinterland. Was immer meine Landsleute sagen, die sich vor der deutschen Invasion fürchten: Dass manches Eigentum in die Hände von Ausländern übergegangen ist, hat schon ganze Ortsteile vor dem kompletten Zerfall bewahrt.

Die Sehnsucht nach dem Alten, das es in Deutschland nicht mehr gibt, trägt manchmal atemberaubende architektonische Früchte. Einmal besuchte ich Familienangehörige in Elmshorn, einem Städtchen in Schleswig-Holstein, das man von seiner Autobahnausfahrt zwanzig Kilometer nördlich von Hamburg kennt. Ich weiß nicht, ob die historischen Gebäude der Innenstadt im oder nach dem Krieg zerstört wurden, jedenfalls ist in diesem Ort bis auf eine schöne Backsteinkirche heute nicht mehr viel Historisches übrig. Sabine und Manfred waren in ein im Wesentlichen aus Reihenhäusern bestehendes Viertel gezogen, das kurz zuvor aus dem Nichts entstanden war, eine Art künstliches Friedrichstadt – vielleicht das schönste Städtchen in Schleswig-Holstein, an dessen Kanälen neben den Straßen deutlich der holländische Einfluss zu erkennen ist und dessen Häuserfassaden man auch in den Ostseestädten wie Lübeck, Wismar, Rostock oder Stralsund begegnet. Diese Blendgiebel sehen aus wie Masken, die den meist schmalen, bis zu fünf Stockwerke hohen Häusern aufgesetzt wurden. Jedes Jahrhundert hat je nach der herrschenden Architekturmode einen eigenen Fassadentyp hervorgebracht: Manche Häuser sind von absteigenden Treppchen gekrönt, andere von ornamentalen Schnörkeln, wieder andere von Dreiecken und Säulen, von Balustraden …

Auch in dem neuen Elmshorner Viertel wurden den Fassaden der hohen, schmalen Häuser diese großen gemauerten Masken aufgesetzt, jede Familie konnte sich aus dem Angebot im Katalog eine aussuchen. Aus Respekt vor der Individualität der Käufer hatten sich die Baufirmen bemüht, Vielfalt in Serie herzustellen. Die unterschiedlichen Stile, die im Lauf der Jahrhunderte aufeinander folgten, wurden aus ihrem historischen Kontext gerissen und in ein und demselben Baujahr zusammengefügt. In hundert Jahren wird das Durcheinander von Alt und Neu komplett sein. Berlin wird den Wiederaufbau seines Stadtschlosses mit authentischer Barockfassade aus dem 21. Jahrhundert abgeschlossen haben, und vielleicht fällt es jemandem ein, den einen oder anderen Mauerabschnitt nachzubauen, auf dem Künstler dann Graffiti im Stil der ursprünglichen Graffiti auf der Westseite der Mauer imitieren können. Die Häuschen von Elmshorn werden genauso aussehen wie die gepflegten Häuser von Friedrichstadt (nur die künstlichen Gräben werden vielleicht wieder aufgeschüttet, wegen der Mücken). Und irgendein zerstreuter Autor wird dann in einem Reiseführer schreiben, dass bei der Elmshorner Architektur der holländische Einfluss deutlich erkennbar sei.

Ich frage mich, weshalb sich die Deutschen so bemühen, ihre Erinnerungen abzureißen oder zu verdecken.

Das Fest

Kinofilme zum Thema Hochzeit bilden seit ein paar Jahren fast ein eigenes Genre. Großen Erfolg beim Publikum hatten vor allem Filme über indische und griechische Hochzeiten. Ich frage mich, weshalb kein deutscher Regisseur auf diesen Zug aufgesprungen ist und eine deutsche Hochzeit zum Thema für neunzig Minuten garantierte Unterhaltung gemacht hat.

Bei deutschen Hochzeiten kommt die Meisterschaft, mit der die Deutschen Feste organisieren, voll und ganz zur Geltung. Mir ist allerdings klar, dass die Marketing- und Werbeabteilung der Produktionsfirma vor einem Film über die Kunst des Feierns in Deutschland viel Arbeit leisten müsste, um das verbreitete Vorurteil zu widerlegen, die Deutschen seien – je weiter man in den Norden kommt – traurig, still (im nüchternen Zustand), in sich gekehrt, einzelgängerisch und gesellschaftsscheu, schweigsam, Freuden abgeneigt, schwermütig ... In Wahrheit lassen die Deutschen keine Gelegenheit aus, um einen Jahres- oder Geburtstag oder sonst ein Ereignis, das eine Veränderung im Leben markiert oder an das die Veränderung erinnert, gebührend zu feiern.

Nie habe ich so viel gefeiert wie in meiner Zeit in Deutschland. Ich wurde zu dreißigsten, vierzigsten, fünfzigsten Geburtstagen von Freunden und Freundinnen eingeladen, zum siebzigsten meiner Schwiegermutter, zum fünfundachtzigsten von Tante Gertrud, zum hundertfünfzigsten von Hermann und Inge und zu vielen runden Geburtstagen, die in syrischen, französischen und türkischen Restaurants, in Tanzschulen, Klubs, Gewächshäusern botanischer Gärten und Sozialzentren gefeiert wurden. Die Jubilare heuerten Bands oder DJs an, und es wurden reichlich Reden gehalten. Beim hundertjährigen Firmenjubiläum der Konservenfabrik meines Schwiegervaters wurde zwischen den Maschinen in der Fertigungshalle getanzt. Gemeinsam mit anderen Urlaubern nahm ich an der Einweihung einer Mineralwasserfabrik auf der Nordseeinsel Sylt teil, bei der eine Bigband aus vierzig jungen Leuten Oldies und klassische Stücke in Jazz-Arrangements spielte. Die Buchhandlung meines Vertrauens, die äußerst seriös ist, politisch links und auf Zeitgeschichte spezialisiert, feierte ihr fünfundzwanzigjähriges Bestehen mit Countrymusik, Tanz und Bier in einer Kirche. Das Café Gnosa, ein Hamburger Schwulentreff, feierte den Jahrestag seiner Gründung nicht in eigenen Räumlichkeiten, sondern in einem Lokal am Ufer der Außenalster; ich nahm daran ebenso teil wie an der Eröffnung des neuen Architekturbüros von August und einige Zeit danach an der Einweihung seines von ihm selbst entworfenen neuen Hauses. Der Zimmermann, der fast das ganze Haus gebaut hatte, trug aus gegebenem Anlass ein reizendes, amüsantes, selbst verfasstes Gedicht vor. Anschließend gab es Weißwürste und Brezeln, spendiert von der kleinen Gruppe Bayern, die zusammen mit meinem Architektenfreund in den Norden übergesiedelt waren. Durch August, Katrin und Doktor Müller, meine süddeutschen Freunde, wurde sogar der abendliche Italienischunterricht zum Fest. »Grüß Gott«, begrüßte ich sie. »Bontschorno, sinjora maestra.« »Ihr Esel, es heißt *buongiorno* … oder eigentlich *buonasera.*« Und augenblicklich entkorkten sie eine Flasche besten Wein und servierten der »maestra« ein warmes Essen, die atemlos, weil auch im Winter bei minus vierzehn Grad Rad fahrend (ein unmissverständlicher Ausdruck ihrer Germanisierung), eingetroffen war.

Ich habe etliche betriebliche Weihnachtsfeiern mit Kollegen und Freunden erlebt, bei denen wir in Firmenkantinen oder gar in eigens reservierten Restaurants aßen, tranken, sangen und tanzten. Als Hymne auf das Leben empfand ich Annettes Feier, mit der sie ihrer Chemotherapie ade sagte. Und was eine Tupper-Party ist, erfuhr ich in Krupunder bei einer Nachbarin. Ich habe erlebt, dass aus einer lästigen Sache wie einem Umzug ein Fest werden kann: Wer umzog, mietete einen Lastwagen und bat seine Freunde, beim Be- und Entladen der Kartons und Möbel zu helfen. Das ging im Handumdrehen: Fünfzehn Leute bildeten eine Kette und reichten sich die Kartons weiter, als wäre es ein Spiel. Auf jedem Karton stand ihr Bestimmungsort – Schlafzimmer, Küche und so weiter –, und daneben klebte ein Wohnungsplan, in dem der jeweilige Raum angekreuzt war. So waren selbst bei einer großen Helferschar Irrtümer so gut wie ausgeschlossen. Und alle waren gut gelaunt und in Feierstimmung und freuten sich schon auf Bier, Würstchen und Kartoffelsalat, die in der Küche zur Stärkung der Truppe bereitstanden.

Manche begrüßen die schöne Jahreszeit mit einem Gartenfest und besorgen sich vorsichtshalber auch Planen oder Schirme für den Fall, dass der Himmel ihnen feindlich gesinnt ist und die Sommersehnsucht erst einmal in einem Regenguss ertränkt.

Hier in Deutschland ist selbst bei Beerdigungen eine kleine Feier eingeplant, bei der man Abschied vom Verstorbenen nimmt. Dazu müssen Einladungskarten versandt werden – vielleicht ist das der Grund, weshalb die Toten manchmal zwei ganze Wochen in den Kühlkammern der Beerdigungsinstitute liegen und auf ihre Beisetzung warten: Die Feier muss schließlich gebührend vorbereitet werden, und außerdem will man die Einladungen ja auch nicht im letzten Moment verschicken … Während des Beisammenseins nach der Bestattung trinkt man Tee und Kaffee und isst Kuchen, oder die Trauergäste bekommen eine Suppe.

Ich habe auch selbst schon Partys organisiert und an abendlichen Treffen im Freundeskreis teilgenommen, bei denen wir den Ausgang von Wahlen verfolgten, was bei mir persönlich die Frustration milderte, nicht wählen zu dürfen.

Einmal besuchte ich als »Begleiterin« eine »Wahlparty« des Hamburger Verlegers und Milliardärs Bucerius, der unter anderem Eigentümer der Wochenzeitung »Die Zeit« war. Bei Wahlen lud der illustre Arbeitgeber mehrere Angestellte zu sich nach Hause ein, die im Rotationsverfahren unter den Ressortleitern und den Redakteuren ausgewählt wurden. Dann ging er auf die Jüngeren zu und fragte sie, wer sie seien – aus allernächster Nähe, denn der über achtzigjährige Herr Bucerius war zwar geistig vollkommen klar, aber er sah nicht mehr gut. Ich war erst seit kurzem in Deutschland, und die in der Privatwohnung des Verlegers anwesenden Gäste waren mir alle unbekannt. So hielt ich mich abseits, versuchte mich unsichtbar zu machen und betrachtete stattdessen die Bücher in den Regalen. Der Hausherr aber hatte sich ebenfalls vom Gedränge der Gäste entfernt, trat auf mich zu, musterte mich und fragte, wer ich sei, in der äußerst höflichen Art, die in Deutschland üblich ist: »Helfen Sie mir …«, bei der unausgesprochen bleibt: »… mich zu erinnern, wer Sie sind.« Erleichtert, dass es nichts zu erinnern gab, weil ich nicht zu seinen Angestellten gehörte, fragte er, ob ich in seiner Bibliothek etwas gefunden hätte, das mich besonders interessiere. Ich war schrecklich nervös – vor Aufregung, weil der große Bucerius das Wort an mich richtete, vor allem aber, weil es mir peinlich war, in meinem miserablen Deutsch antworten zu müssen. Ich stammelte, ich fände es interessant zu sehen, was ein Verleger so liest. Daraufhin forderte er mich auf, ihm zu folgen; er war sehr liebenswürdig, klein und ein bisschen krumm, sein dunkles Gesicht schien ewig sonnengebräunt. Dann öffnete er eine Tür: Es war sein Schlafzimmer! Er bat mich herein und zeigte mir den Bücherstapel auf seinem Nachttisch. Ich muss gestehen, dass ich nicht mehr weiß, welche Bücher es waren, doch eine ganze Weile erregte ich die Neugier der Kollegen von der »Zeit«, wenn ich erzählte, ich sei im Schlafzimmer von Bucerius gewesen. Womit ich ihre Überzeugung bestätigte, dass Italienerinnen in der Tat unternehmungslustige Frauen seien.

Schon zu Kindergartenzeiten organisierten die Eltern der kleinen Freunde meiner Töchter Kinderfeste – Reiterfeste, Feste in Museen, im Tierpark, im Schwimmbad, Grillfeste im Park, Feste im Hängebauchschwein-Freilandzoo, bei McDonald's … Für die weniger glücklichen Kinder, die zu Hause feierten, engagierten die Eltern Clowns, Zauberer, Puppenspieler … Die weniger wohlhabenden, fantasievolleren Eltern zogen ganze Bibliotheken von Büchern über Spiele zu Rate, organisierten Schnitzeljagden und verabschiedeten die kleinen Gäste am Schluss mit Teilnahmepreisen in Form kleiner Geschenke, als müssten die Eingeladenen für ihr Vergnügen auch noch entschädigt werden. (Eine Sitte, die, wie ich höre, nun auch in meinem Land Mode ist.)

Ich besuchte den Abiturball meiner deutschen Nichten Anna und Marie (den von Eva versäumte ich leider). Das Gymnasium hatte in einem Lokal eine Feier mit Livemusik und Tanz für die Abiturienten des Jahrgangs organisiert. Die Mädchen trugen alle lange dunkle Abendkleider, die wunderbar zu den glitzernden Sternchen an den Wänden passten. Beim Paartanz, der von der Tanzgruppe der Schule vorgeführt wurde, hatte ich das Gefühl, die Dreharbeiten zu einer weiteren Folge von »Bezaubernde Jeannie« mitzuerleben.

Wirklich gelangweilt habe ich mich in meinem Leben nur selten. Die größte Langeweile empfand ich bei italienischen Hochzeiten, ganz zu schweigen von Taufen und Erstkommunionsfeiern. In meinem Land ist eine Einladung zu einer Hochzeit oft ein Albtraum. Man sitzt Stunden um Stunden am Tisch und zählt die Gänge, die nicht enden wollen. Die Pausen zwischen ihnen sind so lang, dass man das vorangegangene Gericht halbwegs verdauen kann – eine einmalige Gelegenheit, ungeliebte Verwandte wieder zu sehen, die den Anlass nutzen, um bis ans Ende ihres Lebens ausreichend Klatsch zusammenzutragen: als Gesprächsstoff für die Sonntagnachmittage im Kreis der wenigen Familienangehörigen, mit denen sie noch verkehren. Das bei weitem interessanteste Gesprächsthema an der Hochzeitstafel ist das Essen, der einzige, wahre Protagonist der Feier; und erst lange danach lässt man sich auch über Geburten und Scheidungen oder Trennungen des einen oder anderen Paars in der Familie aus. Zur Bekämpfung der Langeweile in den Leerzeiten zwischen einzelnen Gerichten und Gesprächen schweift der Blick durch den kahlen, hallenden Saal und prallt an der Schmucklosigkeit der Einrichtung ab, die die ausgesuchte, erzwungene Eleganz der Gäste besonders hervortreten lässt. Vielleicht haben Leute meines Alters heute eine glücklichere Hand bei der Planung ihrer Hochzeiten. Aber den wenigsten gelingt es, sich dem weiteren Familienkreis zu entziehen – es sei denn, es ist die zweite Heirat: Die findet in der Regel praktisch im Verborgenen statt, mit nur wenigen engen Verwandten und Freunden.

Als ich das erste Mal zu einer deutschen Hochzeit eingeladen wurde, ging ich nur widerwillig hin, weil ich nichts als große Langeweile und endlose Speisefolgen erwartete – noch dazu nach internationaler Küche, sprich, einer thailändisch-indisch-mediterranen Mischung. Es kam anders: Zum ersten Mal in meinem Leben erlebte ich eine Hochzeit als ausgesprochen amüsant und hatte das Gefühl, an einem geschmack- und fantasievollen Spektakel in märchenhaftem Rahmen teilzunehmen. Ulf und Ina, das Brautpaar, feierten im Berliner Palais am Festungsgraben, dem ehemaligen Haus der deutsch-sowjetischen Freundschaft, das aus dem achtzehnten Jahrhundert stammt und seit dem Fall der Mauer für private Feiern vermietet wird. Ich weiß nicht mehr, ob es ein Buffet gab oder ob das Abendessen am Tisch serviert wurde – was nur bedeutet, dass es bald vorüber und nur eines unter vielen Elementen des abendlichen Programms war. Es folgten die langen Reden der beiden Väter: das Einzige, was ich davon verstand und woran ich mich erinnere, war die entsetzliche Verlegenheit auf den Gesichtern der Kinder. Dann aber trat eine sympathische Verwandte auf, die mit Zitaten aus alten Briefen und Dias das Leben der Brautleute vor der Hochzeit rekapitulierte: Ina und Ulf als Kinder, als Jugendliche, als junge Erwachsene Anfang zwanzig … Ein paar Freunde sangen im Chor lustige Lieder, die sie eigens für die beiden komponiert hatten. Und schließlich stimmte die zu diesem Anlass engagierte lateinamerikanische Band Rhythmen an, zu denen niemand richtig tanzen konnte, aber das störte nicht weiter. Ich war hingerissen von dieser Hochzeit, und fortan erschienen mir die Deutschen als unübertreffliche Meister in der Kunst des Feierns – zumal ich noch weitere Hochzeiten erlebte und vom geplanten ebenso wie vom spontanen Programm jedes Mal begeistert war.

Ich versuchte, die Kunst des Feierns ebenfalls zu lernen, und nahm ein paar Mal den Anlass wahr, um auch in meinem Land ungewohnte Sitten einzuführen. Zum Beispiel schlug ich meiner Mutter vor, dass wir uns nach dem Begräbnis meines Großvaters alle noch zu einem gemeinsamen Essen zusammensetzten, und verfasste eine kurze, liebevolle Rede auf ihn, um ihn auf meine Art zu segnen – denn bis zu seinem letzten Atemzug hatte er sich gegen die Anwesenheit von Priestern bei seiner Beerdigung heftig verwahrt. Und ich zwang meinen Vater, seinen achtzigsten Geburtstag zu feiern, was er ohne große Überzeugung tat.

Ich fragte mich, warum es in Deutschland so viel Grund zum Feiern gibt und warum in Italien jede Geselligkeit in einem Abendessen mündet, bei dem das einzig Strukturierte die einzelnen Gerichte sind. Der Kreis der Teilnehmer ist enger, man trifft einander öfter und vergleichsweise spontan, ohne allzu lange Planung im Voraus.

Vielleicht nehmen sich die Menschen in Deutschland ernster, halten sich für wichtiger und müssen deshalb mindestens alle fünf Jahre feiern, dass sie auf der Welt sind. In meinem Land ist der Einzelne so wenig wichtig, dass die meisten nicht einmal ihren Geburtstag feiern. Und wenn doch, dann aber bitte gedämpft, ohne große Umstände, mit ein paar Freunden und Verwandten: das übliche Abendessen eben.

In Süditalien feiern die Älteren vorzugsweise ihren Namenstag, vielleicht, weil er mit einem Heiligen verbunden ist, vielleicht auch, weil sie sich wenigstens ihres Namens sicher sein können, während ein überliefertes Datum wie der Geburtstag ja auch einigermaßen willkürlich festgelegt sein könnte: von einem Gemeindeschreiber oder einem zerstreuten Vater, der das Neugeborene erst mit tagelanger Verspätung eintragen ließ, weil er am Tag der Geburt zu sehr damit beschäftigt war, auf das Kind anzustoßen, oder weil er es schlicht vergessen hatte. Den Namenstag kann man außerdem gemeinsam feiern: die Großmutter mit der Enkelin, das Patenkind mit dem Taufpaten. So wird er zum Gruppenfest.

Zwanzig Jahre lang hat meine reizende Mutter, eine ausgezeichnete Köchin, zu den Geburtstagen sämtlicher Familienmitglieder, die Großeltern eingeschlossen, die gleiche Torte gebacken, nämlich ihre legendäre Crostata – einen Mürbeteigkuchen mit Marmeladenaufstrich, allerdings mit wechselnden Marmeladensorten. Jedes Jahr schenkten Eltern und Großeltern den Kindern Geld, das vernünftigerweise die Eltern aufbewahrten, damit die

Kinder sich zu gegebener Zeit etwas Nützliches kaufen konnten! Zur Feier des Tages wurden ein paar Freunde und zwei oder drei Kusinen eingeladen, mit denen wir uns im Kinderzimmer einschlossen und spielten, bis uns die Mama zur heißen Schokolade mit Crostata rief. Eine Generationenfrage? Ich weiß es nicht; mit Sicherheit aber gibt es in Italien keine Museen, keine Reitschulen in Stadtnähe, keine Schwimmbäder, Freiluftzoos, Privatgärten, die Programme für Kindergeburtstage anbieten.

Gelingen die Feste in Deutschland so gut, weil die Deutschen generell ausgezeichnete Organisatoren sind? Möglich; das erklärt allerdings noch nicht die Häufigkeit der Feste. Warum besteht in Deutschland dieses entfesselte Bedürfnis nach ständigem Feiern?

Ein paar vorsichtige Hypothesen, die freilich alle überprüft werden müssten:

In den Städten leben immer mehr Singles. Vielleicht sind geplante, organisierte Feste eine Garantie, um nicht zu viele Abende in Einsamkeit zu verbringen. So ist das Leben wohl geordnet und die Gefahr, in ein Vakuum zu fallen, gering.

Rossella, eine sizilianische Freundin, erzählte mir, wie sie, frisch in Hamburg eingetroffen, eine deutsche Freundin anrief, die sie einige Zeit zuvor in Palermo kennen gelernt hatte. Die Freundin sagte, sie freue sich sehr, Rossella zu sehen – im nächsten Monat!

Vor allem die Mütter von Einzelkindern aus den jeweiligen Klassen meiner Töchter planen die Treffen ihrer Kinder mindestens eine Woche im Voraus. »Machen wir einen Termin aus«, bitten mich die deutschen Mütter und verwenden bei achtjährigen Kindern dieselbe Terminologie wie für eine Untersuchung beim Zahnarzt oder eine berufliche Verabredung. Ich erinnere mich, wie mir eines Nachmittags bewusst wurde, dass ich am selben Tag einen kinderfreien Abend hatte, und ich daraufhin vierzehn erfolglose Anrufe tätigte; schließlich ging ich allein ins Kino.

Vielleicht verspüren die Menschen in dieser nordischen, ein wenig strengen Welt bisweilen das Bedürfnis, irgendwohin zu entfliehen, wo die Zerstreuung an erster Stelle steht, fernab der häuslichen vier Wände oder jedenfalls fernab der Normalität des Alltags. Nur auf dieser Insel inmitten eines Ozeans der Pflichten fühlt der Mensch sich frei, seine Sorgen, Ängste und Unsicherheiten abzuwerfen, die sonst sein Dasein bestimmen. Es ist, als hätte das komplizierte Räderwerk dann das Recht stillzustehen. Um Abstand von den täglichen Pflichten zu bekommen, die der Identität der Menschen konkrete Form geben, sie aufnehmen und definieren, brauchen sie einen kleinen Urlaub auf neutralem Boden, einen Anlass, der ungewöhnliches Verhalten legitimiert und auf den sie zurückgreifen, um den Druck zu lindern, der normalerweise auf einem vielleicht zu ernst genommenen Leben lastet.

Aber damit man sich gehen lassen kann, müssen die Gläser gut gefüllt sein. Vielleicht ist das der Grund, weshalb man sich in Italien, wo man selten trinkt, ohne zu essen, vor allem beim gemeinsamen Essen entspannt. Hier in Nordeuropa dagegen begleiten Bier und Wein nicht unbedingt nur das Essen, sondern werden auch dann noch getrunken, wenn die Tafel aufgehoben ist. Ich habe nur wenige Partygäste erlebt, die den Ort der Feier mit geradem Gang verließen.

Vor allem die Männer müssen wiederholt das Glas heben, ehe sie sich von der Musik mitreißen lassen und auf der Tanzfläche auftauen. Dann wären sie auch bereit zu flirten, wobei der Alkohol jedoch leider oft stört.

Mit vorrückendem Fest werden die Stimmen lauter, während Gelächter durch den Saal schallt. Diese alkoholische Fröhlichkeit hat mich oft traurig gestimmt.

In Deutschland habe ich erst wirklich verstanden, was

Pigo, ein verstorbener italienischer Freund, der sein ganzes kurzes Leben in Mailand verbracht hat, meinte, wenn er sagte: »Es gibt Menschen, die sich nicht mal dann amüsieren, wenn sie lachen.«

Die Gemütlichkeit

Wer sich daran wagt, auf Deutsch die positiven Seiten der Welt zu beschreiben, findet als Erstes die Wörter »gut«, »schön« und »nett«. Gleich darauf stößt er auf das schicksalhafte Wort »gemütlich«. Kaum ein Wort drückt einen derart komplexen Begriff aus, der im Italienischen nicht einfach mit »accogliente« zu übersetzen ist, was eher einem »behaglich« entspräche, vor allem aber einen konkreten Ort beschreibt. Das »Gemüt« hingegen, das sich in dem Wort »gemütlich« verbirgt, bezieht sich auf die vereinten Ausströmungen von Seele und Geist eines Menschen. »Gemütlich« ist, was Seele und Geist entgegenkommt und ein inneres Wohlbehagen erzeugt. Verantwortlich dafür sind in der Regel eine entspannende Umgebung, eine besondere Atmosphäre, eine Situation, in der man sich wohl fühlt.

Ein paar Negativbeispiele: Ein Kinderzimmer ist selten gemütlich, ebenso wenig wie eine taghell mit Neonlicht ausgeleuchtete Pizzeria. Ein Messestand ist nicht gemütlich, auch nicht ein rund um den Bahnhof entstandenes Neubaugebiet zu Füßen einer an den Berghang geschmiegten alten Kleinstadt am Mittelmeer.

Das deutsche Gemüt ist (im Unterschied zum italienischen) besonders empfindlich und empfänglich für den

Einfluss der Umgebung, so dass die Deutschen sehr sorgfältig auf die Gestaltung ihres persönlichen Umfelds achten, innerlich wie äußerlich. Grundsätzlich versuchen sie, die Elemente des Chaos, die Unruhe und Unbehagen verursachen können, zu beherrschen. Obwohl sie die Natur sehr lieben, haben die Deutschen eine ganz eigene Art, sie zu zähmen, sie zugänglich und genießbar zu machen. Die nicht asphaltierten Feldwege sind wunderschön, ebenso wie die Pfade an Seeufern und durch die Wälder. An den Wanderwegen wird das Unterholz rigoros ausgeräumt, doch ein paar tote Bäume lässt man zum Nutzen von Pilzen, Ameisen und Mikroorganismen an Ort und Stelle liegen; das Gras, das dank üppigem Regen zu beiden Seiten der Wege wächst, wird regelmäßig gestutzt, damit es sie nicht überwuchert. Was den Durchgang nicht behindert, darf ungehemmt wachsen, auch Brennnesseln. Es gibt detaillierte Landkarten, in denen noch die kleinsten Sträßchen eingezeichnet sind. So bekommt jeder Ausflug eine gewisse Vorhersehbarkeit. Nie geschieht es, wie es in meinem Land häufig vorkommt, dass in den öffentlichen Anlagen eine Straße im Nichts endet oder man nicht weiß, wohin ein Weg führt.

Genauso akribisch wird die städtische Umwelt in Schuss gehalten, wo die Gehwege perfekt gepflastert sind. Wenn eine alte Frau auf einem beschädigten Abschnitt stolpert, könnte sie von der Stadt die Kosten für die Behandlung des gebrochenen Beins sowie Schmerzensgeld einklagen. Vor ein paar Jahren trat Franca, eine sechzigjährige Kusine, in einer kalabresischen Kleinstadt vom Bürgersteig, setzte den Fuß falsch auf und stürzte. Kein Wunder, dass sie sich dabei den Arm brach, die arme Franca – sie musste eine Stufe von mindestens einem halben Meter auf eine steil abfallende Straße hinuntersteigen. Natürlich fiel niemandem ein, die Nachlässigkeit der Stadtverwaltung dafür verantwortlich zu machen. Stattdessen bekam die Verunglückte von allen Seiten Vorwürfe zu hören, weil sie nicht aufgepasst hatte.

Neben den Hamburger Gehsteigen verlaufen rot gepflasterte Radwege, in denen sofort einzelne Steine ausgewechselt werden, wenn eine Baumwurzel eine kleine Erhebung verursacht. Schließlich könnten sich auch die Radfahrer mit der Stadt anlegen! Aber die akkurate Instandhaltung der Straßen durch die Kommunen lässt sich nicht allein auf die Furcht vor Klagen zurückführen.

Wenn ich morgens vor acht meine Kinder mit dem Fahrrad zur Schule begleite, sehe ich die Leute das Stück Gehsteig vor ihrem Haus und den Randstein fegen. Manchmal befreien sie mit einem Rechen die Fläche rund um den Baum von Blättern, trockenen Zweigen und Hundekot. Mit Schaufel und Besen kehren sie Kiesel und potenziellen Humus von städtischem Grund und Boden zusammen und tragen alles fort. Einmal sah ich einen Mann mit einem langen Rohr in der Hand, das an einen Motor angeschlossen war und einen Höllenlärm von sich gab: einem Hochdruckreiniger. Damit spritzte er unter hohem Druck Wasser auf ein rotes Backsteinmäuerchen. Angesichts der reichlichen Hamburger Niederschläge wird er mit seinem Gerät die Mauer nicht vom Staub, sondern von Moos und Schimmel in den Ritzen zwischen den Ziegeln befreit haben; ich erkläre mir solche Anstrengungen mit einem in den Bürgern verankerten inneren Bedürfnis nach Harmonie mit der umgebenden Umwelt.

Als meine größere Tochter noch ein Säugling war, legte ich sie an langen, schönen Sommerabenden in den Kinderwagen und ging mit ihr in unserem Viertel spazieren, dem sehr urbanen und dicht bevölkerten Eimsbüttel. So kam es, dass ich stille Seitengässchen erkundete und noch die verstecktesten Winkel entdeckte. Ich betrachtete die zahlreichen Blumenbeete und roch ihren Duft, ging an dreistöckigen Häusern entlang, die in den sechziger Jahren mitten im Grünen emporgewachsen waren, sah die Kinderspielplätze und die Sitzbänke auf den Rasenflächen zwischen den Häusern. Ich ging durch ruhige Straßen, die an einem Ende geschlossen waren, um lästige Autofahrer und Nichtanrainer fern zu halten. Ich übte die deutschen Namen der Bäume, aus denen das vielstimmige Gezwitscher kleiner Vögel aller Art ertönte. Erst in Hamburg, im Alter von dreißig Jahren, lernte ich eine Linde von einem Ahorn zu unterscheiden und eine Kastanie von einer Eiche. Hier sah ich zum ersten Mal in meinem Leben einen Igel, eine reglose, stachelige kleine Kugel auf einer Wiese zwischen Häusern; eine kleine Schar Kaninchen sprang um ihn herum. Meine Spaziergänge in dieser städtischen Umgebung waren sehr entspannend für mich. Bestimmt hatten sie auf mein »Gemüt« dieselbe wohltuende Wirkung wie auf einen Einheimischen aus dem Viertel ein Spaziergang im Wald oder am Meeresstrand. Ich staunte und bewunderte insgeheim das Geschick, mit dem Stadtplaner und -verwalter selbst in neuerer Zeit eine so ansprechende Umgebung konzipiert hatten, einen idealen Treffpunkt für diese herrlichen Sommerabende.

Diese Orte und lauen Dämmerungen erhielten allerdings wenig Besuch. Gegen neun Uhr, unter noch blauem Himmel, streiften Hunde mit ihren Besitzern umher, und auf den Bänken saß hier und da eine einsame Seele in Gesellschaft einer Bierdose. Ein paar Kinder spielten, während ihre dunkeläugigen Eltern sich in einer mir unbekannten Sprache unterhielten und den ersehnten Sommer genossen.

Ausländer, die in Deutschland leben, haben gelernt, die Vorliebe der Deutschen für Stimmungen zu erkennen, und versuchen, ihr entgegenzukommen. Besonders aufmerksam sind die Griechen mit ihrem engmaschigen Netz von Lokalen, das sich über das gesamte deutsche Staatsgebiet breitet: Damit übertreffen sie sogar die Zahl der venezianischen Eisdielen und der Postämter. Die Griechen machen ihre Lokale »gemütlich«, errichten darin ganze Lauben aus Plastikweinreben samt Trauben und stellen gipserne Venus- und Apollostatuen auf Säulchen in die Fenster, die ihrerseits mit aufgeklebten Mäandern verziert sind. Es läuft immer dieselbe Kassette mit Volksliedern, die im Lauf eines Abends mehrmals umgedreht wird und wieder von vorn beginnt, damit die Melodien, die der nichtgriechische Gast schon während eines Griechenlandurlaubs, umweht vom Geruch des Meeres und der Jasminblüten, im Garten einer griechischen Taverne gehört hat, vertraut klingen.

Mein »ausländisches« Lieblingslokal wird von irakischen Kurden und Türken geführt, heißt »Aladin« und besteht aus zwei Räumen. Der eine ist mit Neonlampen taghell erleuchtet, im anderen brennen abgedunkelte Lampen und auf den Tischen Kerzen, und die Wände sind mit Figuren von Kaftan- und Turbanträgern vor gelbem und orangefarbenem Hintergrund bemalt. Die Deutschen nehmen im Halbdunkel des zweiten Raums Platz, unterhalten sich flüsternd und verstehen einander kaum, weil die Gäste in dem neonhellen Raum nebenan lautstarke Unterredungen in levantinischen Sprachen führen.

Das Verhältnis zwischen Licht und Halbdunkel ist für das deutsche Gemüt sehr wichtig, mindestens ebenso wichtig wie das Gleichgewicht zwischen Klang und Stille. In meiner ersten Zeit hier im Norden, wenn ich bei Freunden eingeladen war und bei Kerzenlicht zu essen versuchte, hatte ich ständig Angst, den Suppenteller umzustoßen, während ich mich bemühte, von den Lippen meines dezenten Gegenübers abzulesen, was meine an südländischen Krach gewöhnten Ohren nicht verstanden. Ich versengte mir mehrere Ärmel an den Flammen, ehe ich lernte, die Kerzen auf dem Tisch beim Griff nach dem Salz oder einem Stück Brot zu umgehen.

Dieser Kerzenkult hat etwas Rührendes für mich. Es ist

kurios anzusehen, wie eines der industrialisiertesten Länder der Welt auf Elektrizität verzichtet und sich auf das Flackern eines Flämmchens verlässt. Aber vielleicht ist es eben eine Reaktion auf das technologische Gefunkel, dass man sich in den trauten Schutz einer schattigen Nische flüchtet, wo sich ein Bezug zu einem natürlichen Element wie dem Feuer herstellen lässt. Wir Südländer hingegen, die wir aus rückständigeren Wirtschaftssystemen kommen, kämpfen noch gegen die Kräfte der Natur, wir dunkeln tagsüber unsere Wohnungen mit herabgelassenen Rollläden ab, und kaum ist es Abend, greifen wir zum Lichtschalter und erweisen der Erfindung des elektrischen Stroms mit strahlender Helligkeit die Ehre. Abgesehen davon verbinden wir Kerzenlicht unweigerlich mit den Gottesdiensten in der Kirche und vor allem auch mit den Toten, denen wir auf den Friedhöfen ähnliche Lichter anzünden, wie sie hier im Norden die Teekannen warm halten. Aber inzwischen bekommen selbst unsere Toten ewige (elektrische!) Lampen, die niemals niederbrennen, und ihre Gräber schmücken wir mit Plastikblumen (die nie verwelken!). Die Deutschen verwenden sogar echte Kerzen für den Tannenbaum. Wenn Weihnachten naht, das Fest der Gemütlichkeit schlechthin, werden überdimensionale Tannen in die Wohnungen geschleppt, deren abgetrennten Stamm ein Christbaumständer hält. Manche stellen den Stumpf auch direkt auf den Boden und befestigen die Spitze mit einem Drahtseil an der Decke … Mir tun diese Bäume ein bisschen Leid, die so, wie sie am Haken von der Decke hängen oder in ihren Holz- oder Eisenprothesen stecken, im Wohnzimmer gewachsen zu sein scheinen, im Fußboden verwurzelt, während die Spitze im Jahr darauf die Decke durchbohren wird. Am Abend vor Weihnachten schmücken die Erwachsenen heimlich, ohne Wissen der Kinder, den Baum. Auf Leitern stehend, stechen sie sich die Finger an den Nadeln wund und beklagen sich, wenn auch dieses Jahr wieder die

Zweige zu schräg stehen, so dass es schwierig ist, die Halter für die echten Kerzen, die an Heiligabend angezündet werden, daran zu befestigen.

Der Triumph der nordischen Gemütlichkeit ist die Vorweihnachtszeit, der Advent, durchweht vom Zimt- und Vanilleduft der Plätzchen und Sternchen, die einzeln mit Metallförmchen aus einer von Hand ausgerollten, dünnen Teigplatte ausgestochen werden: Monde, Herzchen, Engel ... Sie werden zehn Minuten im Ofen gebacken und dann mit Zitronen- oder Schokoladenglasur bestrichen und mit Rosinen, Mandelsplittern, Haselnüssen oder »Smarties« (!) verziert. Sie werden an den vier Adventssonntagen im Dezember zum Kaffee gereicht, wenn eine nach der anderen die vier Kerzen auf dem mit Kiefernzapfen, silbern bemalten Walnüssen, Strohsternen und Zimtstangen geschmückten Adventskranz angezündet werden. Die Mütter verwandeln sich in dieser Zeit unerwartet in Schutzengel der Tradition und strengen sich sehr an, um das Zuhause »gemütlich« zu gestalten, indem sie gemeinsam mit den Kindern alle Fensterscheiben mit Schneeflöckchen aus buntem Papier und die Fensterbretter mit Keksdöschen, vergoldeten Schächtelchen, bemalten Steinchen, kleinen Pralineneisenbahnen und schleifenverzierten Kerzchen schmücken.

Ich habe nie recht verstanden, weshalb meine deutschen Gäste mein Bäumchen, an das meine Kinder schon eine Woche vor Weihnachten Kugeln gehängt hatten, was wegen seiner geringen Größe leicht möglich war, mit Abscheu betrachteten. Ich fühlte mich beobachtet wie ein jüngst zum Christentum konvertierter Muslim. Ich selbst habe immer mit einer Mischung aus Bewunderung und Ärger zugesehen, wie unmenschliche Anstrengungen unternommen werden, um einen riesigen Baum zu schmücken, der zehn Tage lang in den überheizten Wohnungen langsam vor sich hin welkt und sich anschließend in Weihnachtssperrmüll verwandelt: Er wird zusammen mit anderen Christbäumen auf einen Haufen geworfen, den irgendwann die Stadtreinigung zerschreddert. Fast trauere ich dem Plastikbäumchen meiner Eltern nach, das eben weil es unverwüstlich ist, für den Rest ihres Lebens ihr Weihnachten begleiten wird, und ich bewundere erstaunt die bedingungslose Hingabe der deutschen Mütter, die für die Kinder eine kleine Welt aus Zucker und Zimt erschaffen … Ich muss ehrlich gestehen, dass ich die Tradition des Plätzchenbackens gern übernommen habe, weil ich als gute Italienerin die Bemühungen, Essbares herzustellen, zu schätzen weiß. Doch meine wiederholten Versuche, die komplizierte Konditorenkunst der Miniaturmalerei und des Dekorierens zu lernen, sind fehlgeschlagen … Gut zurecht komme ich nur mit zwei sehr einfachen Plätzchenrezepten, die eine Freundin mir besorgt hat; sie verwendet sie selbst an ihrem Arbeitsplatz, einem Pflegeheim für alte Leute.

Mit der Stimmung hingegen hatte ich nie eine glückliche Hand – es gibt Dinge, die man als Kind lernt, die man im Blut hat, gleichsam in den Genen verankert …

In manchen Jahren hätte ich meine Wohnung offen gestanden gern zur weihnachtsfreien Zone erklärt, zu einer Zuflucht vor dem epidemischen Wahnsinn um mich herum. In den Wochen vor Weihnachten gibt es keinen deutschen Freund mehr, der Zeit hat, ins Kino zu gehen. »Stress« ist das am häufigsten gebrauchte Wort zur Beschreibung der Organisationshektik während dieser Tage, vor allem bei jenen, die zu Weihnachten die vereinte Familie zu Gast haben: Onkel und Tante aus Dresden, Schwester und Schwager aus Costa Rica, die Großmama aus Berlin und den Bruder mit drei Kindern und amerikanischer Gattin aus New Jersey.

Wenn im Oktober die Tage schon recht kurz sind, basteln Mütter und Kinder Laternen aus Pappe, Seidenpapier und Klebstoff. Dann ziehen sie am späten Nachmittag, wenn es dunkel ist, mit den an Stäben hängenden Laternen und brennenden Kerzen darin durch die Straßen. Die langsam durch die Dunkelheit gleitenden Lichter sind ein unwirklicher Anblick – als wären kleine Waldgeister in die Stadt gekommen und verstreuten glitzernde Flocken. Erst als ich selbst Kinder hatte, die mich mit dieser deutschen Tradition bekannt machten, begriff ich, was die umherstreifenden, schwebenden Lichter im Dunkeln waren.

Alessias erste Laterne, die sie im Kindergarten gebastelt hatte, löste sich leider im Oktoberregen des Nachmittags auf, an dem für die Kinder ihrer Gruppe ein kleiner Umzug stattfand.

Aber im Dezember hörte es auf zu regnen, wir hatten Zeit, eine neue Laterne zu basteln, und eines Tages, als es kurz nach vier Uhr schon dunkel war, beschloss ich, mit den Kindern und ihren Laternen hinauszugehen.

Ich hatte schon meine wattierte Jacke an, als mich mein Ehemann an der Wohnungstür aufhielt. Ob ich übergeschnappt sei, im Dezember mit einer Laterne herumzulaufen? »Laternelaufen« findet im Oktober und November statt. Die Jacken wurden wieder ausgezogen.

Alles zu seiner Zeit. Oha! Der letzte Monat des Jahres hatte schon längst angefangen, und bei uns hing noch immer kein Adventskalender. Dafür, dass ich in unserer Familie Beauftragte für die deutschen Sitten war, hatte ich noch eine Menge zu lernen.

Das Ausland zu Hause

Zehn Jahre lang verkehrte ich überwiegend mit Deutschen aus Hamburg, das heißt mit »Hamburgern« aus München, Lübeck, Dortmund, Köln, Berlin (West), Freiburg und so weiter, bis ich Sabine kennen lernte.

Sabine ist in Ostberlin geboren und hat dort zwanzig Jahre gelebt. 1985 kam sie mit Mutter und Schwester auf die andere Seite der Mauer, nach Hamburg. Der Vater war mit Anfang fünfzig gestorben; er war in der DDR ein Freigeist gewesen, und sein Dissidententum hatte ihn die Gesundheit gekostet.

Mit Sabine verbindet mich eine erst jüngst geschlossene, aber schnell gewachsene Freundschaft, die sich über unsere Kinder, kleine deutsch-italienische Mischungen, entwickelte. Sie ist die einzige Deutsche, mit der ich aus Überzeugung Italienisch spreche – vielleicht, weil ihr Italienisch ausgezeichnet ist und ich nie fürchten muss, nicht verstanden zu werden, vielleicht auch, weil ich merke, dass sie sich gern in meiner Sprache ausdrückt und dabei doch die Schönheit ihrer eigenen liebt und schätzt. Wenn sie Deutsch spricht, benutzt sie ausgesuchte Wörter und ungewöhnliche Ausdrücke, die sie vor allem von ihrem Vater gelernt hat und vielleicht auch aus diesem Grund hütet und mit liebevoller Sorgfalt verwendet.

Ich habe italienische Freundinnen, deren deutsche Ehemänner darauf bestehen, mit mir Italienisch zu reden, auch wenn ich sie auf Deutsch anspreche – was mir selbstverständlich erscheint; schließlich sind sie Deutsche, und schließlich leben wir in Deutschland! Sie aber beharren auf dem Italienischen, was mir ein undefinierbares Unbehagen verursacht. Es kommt mir vor, als fiele ihnen das Leben leichter, wenn sie Italienisch sprechen. Diese Generation meiner Altersgenossen scheint mir emotional »verwaist«: als hätten sie alle keine Eltern, vor allem keine Väter; als wären sie durch Urzeugung auf dem Antlitz der Erde aufgetaucht. Hinter ihnen spüre ich oft eine große Leere. Und viele bereiten sich auch auf eine leere Zukunft vor und setzen immer weniger Kinder in die Welt … (Darin sind allerdings, wie gesagt, die Italiener auch nicht anders!)

Mit Sabine habe ich mich immer wohl gefühlt, weil ich das Gefühl habe, dass sie ein gelassenes Verhältnis zu ihrer Identität hat, obwohl sie das Land, in dem sie geboren wurde, und zu früh auch beide Eltern verloren hat. Viele andere hingegen, deren Eltern noch leben, benehmen sich, als hätten sie keinen Vater und keine Mutter mehr. Sie sprechen nie über sie, und wenn, dann oft in verdrossenem Ton. Als ich einmal bei einer Freundin anrief, sagte ihr Mann, sie sei mit beiden Kindern bei den Schwiegereltern zu Besuch. Da ich sie dringend sprechen musste, bat ich ihn um die Nummer seiner Eltern. Natürlich, sagte er, einen Moment, und ich wartete ein paar Minuten, bis er wieder ans Telefon kam: Er wusste die Telefonnummer seines Vaters und seiner Mutter nicht auswendig!

Zum Glück hat Sabine nie zu mir gesagt: »Was für eine wunderbare Sprache das Italienische ist, und so melodiös …« Natürlich möchte auch sie ihr Italienisch üben und neue Wörter lernen. Sie erlaubt mir, Fehler zu korrigieren, und ich bemühe mich, sie auf liebenswürdige Weise zu verbessern, so dass aus unseren Gesprächen nie Italienischlektionen werden.

Zum Glück hat Sabine ein ziemlich entzaubertes Verhältnis zu Italien. Vor allem, weil sie ihr Leben mit einem Italiener teilt, aber auch, weil sie Gelegenheit hatte, Italien nicht nur als Urlaubsland kennen zu lernen. Sie hat alles versucht, um in Genua zu leben und zu arbeiten, doch nach einem Jahr vergeblicher Bemühungen kehrte sie wieder nach Hamburg zurück, in die Stadt, die ihr erstes

»Ausland« war und die sie im Großen und Ganzen gut aufgenommen hat.

Als sie das erste Mal in den Westen kam, war sie vor allem von seiner Farbigkeit beeindruckt. Bis dahin hatte sie in einer Schwarzweißwelt – oder vielmehr in einer Welt der Grautöne – gelebt, und beim Anblick der farbig gestrichenen Häuser, der bunten Geschäfte und Kleider im Westen hatte sie das Gefühl, sie sei in einer fröhlicheren Welt gelandet. Als sie zu studieren begann, kam sie sich unter ihren »westlichen« Kommilitonen nie als Außenseiterin vor, außer in einem: Alle fühlten sich verpflichtet, sie im Umgang mit der Freiheit zu unterweisen, und behandelten sie wie ein Kind, das man an die Hand nehmen muss. Dabei besaß sie ein in mancherlei Hinsicht ausgeprägteres kritisches Urteil als ihre Altersgenossen aus dem Westen, zum Beispiel in ihrer Einstellung zum Konsum. Während sich ihre Schulkameraden im Osten buchstäblich ein Bein ausrissen, um von Verwandten oder Bekannten jenseits der Mauer ein Paar Westjeans zu bekommen, trug sie »Kuhjeans« aus den DDR-Fabriken, in denen hauptsächlich Vietnamesen arbeiteten, und es machte ihr nur selten etwas aus, wenn ihre Mitschüler sie wegen ihrer Kleidung aufzogen. In Sabines Familie war der Fernseher fast immer ausgeschaltet geblieben: keine Regimepropaganda und keine westlichen Köder für die Fische im sozialistischen Block!

Ich stelle mir ihre Eltern als unaufgeregte Nonkonformisten vor. Schade, dass ich sie nie kennen gelernt habe.

Inzwischen hat meine Freundin aus dem Osten ihr halbes Leben in Hamburg verbracht. Dennoch frage ich mich manchmal, ob mich über die persönliche Sympathie und alles andere hinaus nicht auch eine besondere Affinität mit ihr verbindet, die Seelenverwandtschaft zwischen Menschen, die in einem Land leben, das nicht ihr Land ist: eine fundamentale Fremdheit angesichts ihrer Umgebung.

Fünfundvierzig Jahre Getrenntsein in verschiedenen politischen Systemen und mit unterschiedlichen Sozialisationsmethoden ließen aus Deutschland zwei verschiedene Länder und aus den Deutschen zwei verschiedene und andersartige Völker werden. Die Älteren hatten noch eine immer weiter in die Ferne rückende gemeinsame Vergangenheit, die »beiden Deutschlands« aber setzten sich jeweils ganz anders damit auseinander. Die DDR verordnete ihren Bürgern als staatliche Arznei zur kollektiven Entgiftung der Nation von der Nazivergangenheit die sozialistische Ideologie, während sich die BRD, die im Kalten Krieg zur wichtigsten Bastion des Westens gegen die sozialistische und kommunistische Gefahr wurde und weit davon entfernt war, sich von der NS-Vergangenheit zu befreien, mit kollektiven Schuldgefühlen beschäftigte. Mit dem Ergebnis, dass die Vergangenheit nur in Ostdeutschland »verging«. Im Westen dagegen wurde sie, je weiter sie zurücklag, immer gegenwärtiger.

Gleich nach dem Krieg waren die Deutschen in Ost und West »abgelenkt« und mit dem Wiederaufbau beschäftigt, sie bemühten sich, die Gegenwart zu überstehen und eine Zukunft ohne materielle Not sicherzustellen. Als in den neunziger Jahren die Diskussion über die nationalsozialistische Vergangenheit wieder aufflammte, beteiligten sich aus dem gleichen Grund viel weniger Ostdeutsche an ihr: Sie schlugen sich mit den Primärbedürfnissen des Daseins herum und waren aus Angst vor Arbeitslosigkeit wie gelähmt. Vor allem für die nach dem Krieg im Osten geborenen und aufgewachsenen Deutschen war die Wiedervereinigung ein tiefer Einschnitt im Leben.

Es gibt Menschen, die ins Ausland gehen und damit ihr Leben radikal verändern. Andere bleiben, wo sie schon immer gelebt haben, geraten aber unversehens ins Ausland, obwohl sie zu Hause geblieben sind, und müssen sich eine neue Existenz aufbauen. Es gelten neue Gesetze, neue Regeln, die der Mehrzahl ihrer (neuen) Mitbürger schon seit Jahrzehnten bekannt sind. Ungefähr so erging es den Ostdeutschen: Das Ausland kam zu ihnen nach Hause.

Ich dachte noch oft an den Schäfer und seine Familie, die uns Ende 1989 in ihrem Haus in Herrnburg, dem Dörfchen in der Nähe von Lübeck nur wenige Schritte hinter der Grenze, so herzlich aufgenommen hatten. Seitdem waren mehr als dreizehn Jahre vergangen, und ich fragte mich oft, wie die Wiedervereinigung ihr Leben verändert hatte. Ich hätte sie gern wieder gesehen und mit ihnen gesprochen, nachdem ich nun ihre Sprache verstand. Ich wusste weder ihren Namen noch die Adresse, aber das Dorf war so klein, dass ich mir eine gute Chance ausmalte, sie wieder zu finden.

An einem Wochenende im Jahr 2003 machte ich mich auf den Weg, fuhr mit dem Zug nach Lübeck und dann ein Stück mit dem Fahrrad den Fluss entlang, vorbei an den wunderbar grünen Gärten, bis ich nach Herrnburg kam. Ich überquerte die ehemalige Grenze. Wo früher der »Zaun« verlaufen war, konnte man noch den »Todesstreifen« erkennen. Die Vegetation wächst dort nur spärlich und mühsam, weil der Boden noch immer von den Unkrautvernichtungsmitteln verseucht ist, mit denen die Beeinträchtigung von Grenzkontrollen durch Gestrüpp aller Art von vornherein verhindert wurde. Auf der linken Straßenseite aber zeigten sich schon die ersten großen Häuser des Neubaugebiets, das in den neunziger Jahren aus dem kahlen Boden geschossen war. Eine Spezialfirma musste den Untergrund absuchen und die Minen ausgraben, ehe die Ausschachtung für die Fundamente beginnen konnte. In dieses Neubaugebiet waren nun die Bürger von Lübeck gezogen, einer wunderbaren Stadt, die sich zum ersten

Mal seit fünfundvierzig Jahren wieder Richtung Osten ausdehnen konnte.

Ich erkundigte mich nach einer Schafzucht und wurde nach Palingen geschickt, einem großen Dorf in der Nähe. Aber aus den Schafställen waren Stallungen geworden, in denen Städter ihre Pferde unterstellten. Die Straßen waren noch nicht asphaltiert. Über der Straße hing ein Transparent, das zum Frieden aufrief und gegen den Irakkrieg des Präsidenten Bush protestierte. Es gab allerdings jemanden, der noch ein paar Schafe hatte, und so begegnete ich einem früheren Kollegen von Olaf – so hieß »mein« Schäfer, wie ich erfuhr. Mein ehemaliger Schäfer. Als ich ihn fand, hatte ich Mühe, ihn hinter seiner blauen Brillenfassung wieder zu erkennen. Er dagegen erinnerte sich sofort an die Italienerin mit den Krücken …

Ein paar Wochen später besuchte ich Olaf und Sabine noch einmal. Es war ein besonders warmer Vorfrühlingstag, und wir saßen stundenlang plaudernd auf ihrer Terrasse. Olaf war acht Jahre lang Schäfer gewesen, doch die tausendzweihundert Schafe der landwirtschaftlichen Produktionsgenossenschaft, bei der er gearbeitet hatte, hatten den Fall der Mauer und des »Zauns« nicht überlebt. Sechs Monate lang war er arbeitslos, dann erfand er sich eine neue Arbeit. – Im Jahr 1990, daran erinnere ich mich genau, wollte ich in einem Hamburger Baumarkt Regalbretter kaufen, aber es gab kein Holz mehr. Es gab auch keinen Lack, keine Dübel, keine Nägel, keine Duschkabinen und keine Klobürsten mehr! Was war geschehen? Die Ostdeutschen hatten alle Geschäfte leer gekauft. Auch Olaf hatte erkannt, welche Möglichkeiten in dieser Konjunktur steckten, und fing an, Baumaterial, Werkzeug und Geräte aller Art aus dem Westen zu »importieren«. Vom Keller seiner Wohnung aus koordinierte er rund hundert Mitarbeiter. Sabine, die in einer LPG mit dreihundertfünfzig Milchkühen beschäftigt gewesen war, saß nun ebenfalls mit ihrem Mann bis spätabends am Computer und arbeitete oft auch am Wochenende. Von der Auflösung der LPG hatten ihr Vater und ihr Bruder profitiert, denen es gelungen war, das nach dem Krieg enteignete Land zurückzubekommen, und die inzwischen eine Milchwirtschaft mit dreißig Kühen betrieben.

Als der Boom ein paar Jahre nach dem Mauerfall abflaute, musste sich Sabine selbst um ihr Neugeborenes kümmern, denn in einer Gegend, in der sich dank der jüngst entstandenen Neubaugebiete die Bevölkerung in zehn Jahren verdoppelt hatte, herrschte auf einmal ein akuter Mangel an Krippen- und Kindergartenplätzen.

Olaf arbeitet nun bei Osram und hat am eigenen Leib erfahren, was Mobilität bedeutet. Von Montag bis Donnerstag ist er im Auto unterwegs und legt bis zu zweitausend Kilometer zurück, um das Gebiet, für das er zuständig ist und das bis nach Bamberg reicht, zu bereisen. Und das, nachdem er die ersten dreißig Jahre seines Lebens im »Sperrgebiet« verbracht hat, dem fünf Kilometer breiten Streifen entlang der Westgrenze, zu dem man nur mit einer Sondergenehmigung Zutritt hatte. Damals waren schon zwanzig Kilometer eine Reise. Sabine hatte, als sie Olaf kennen lernte, in Schönberg gewohnt, dem Nachbardorf außerhalb des Sperrgebiets, und wenn sie ihren Verlobten besuchen wollte, brauchte sie einen speziellen Passierschein, der alle sechs Monate verlängert wurde. Ihre Großeltern durften nicht einmal spontan Blumen zu den Gräbern ihrer Eltern auf dem Friedhof von Herrnburg bringen.

Olaf verbringt also nur noch drei Tage in der Woche in seinem stillen Herrnburg, an dem bald eine im Bau befindliche wichtige Autobahnverbindung zwischen den Ostseestädten und Polen vorbeiführen wird. Die schon jetzt verkehrsgeplagten Einwohner des kleinen Ortes hoffen auf eine Umgehungsstraße, die ihnen das zusätzliche Verkehrsaufkommen erspart.

Olafs Eltern wohnen in dem Häuschen gegenüber. Seine Mutter ist eine schöne Frau, die früher Lehrerin war und jetzt ihre Pension genießt. Für sie sei die politische Revolution zehn Jahre zu spät gekommen, sagt sie. Und sie versucht, die verlorene Zeit mit Reisen nachzuholen: Sie war in Spanien, in Marokko, am Nordkap, in Kaliningrad und auf Kreuzfahrt im Mittelmeer. Vor allem aber verfolgt sie mit großem Interesse das kulturelle Angebot in Lübeck, dessen Vorort Herrnburg unversehens geworden ist. Fünfzehn Minuten braucht der Zug in die Hansestadt, ein wahres städtebauliches Juwel, das seine sieben majestätischen Backsteintürme der gotischen Kirchen mit ihren grünen Kupferdächern schon von weitem ankündigen. »Früher stand ich oft auf der Bahnüberführung, um die Lübecker Türme zu sehen«, erzählt die Dame und fügt nichts weiter hinzu.

Wie kann man verstehen, was es bedeutet, in einer auf einer Seite verschlossenen Welt zu leben? Die Stimmen der Kinder in der Schule jenseits des Zauns zu hören, während diesseits die Schäferhunde der Grenzposten patrouillieren? Sich beaufsichtigt zu fühlen wie ein Schaf?

Wie kann man diesem Zustand nachtrauern? Auch wenn es damals kein Problem war, zu überleben, Geld zu verdienen, auch wenn der Arbeitstag um siebzehn Uhr zu Ende war und die Arbeitswoche sich nicht bis in den Sonntag hineinzog. Auch wenn damals mehr Gemeinschaftssinn herrschte, wenn Geburtstage, Osterfeuer und Sommeranfang gemeinsam gefeiert wurden und alle einander kannten. Heute ist jeder mit der Arbeit in der eigenen Landwirtschaft oder im Betrieb beschäftigt. Gemeinsame Freizeit gibt es nicht mehr, und die Dorfwirtschaft hat vor ein paar Jahren dichtgemacht.

Nein, es gibt keinen Grund zur Nostalgie.

Olafs und Sabines Kind ist aufgewacht, und die Großmutter geht mit ihm zur Rutsche. Für den Kleinen bedeutet »Zaun« nur das, was sein Häuschen umgibt und die zwei Schafe im Garten daran hindert davonzulaufen.

Alles unter Kontrolle

In Deutschland neigt man zu der Annahme, es gebe für jedes Problem eine Lösung und *die* richtige Art und Weise, irgendetwas zu tun – jedes Tun habe einen Zweck, Chaos sei durch Organisation in den Griff zu bekommen, für jeden Fehler gebe es einen Verantwortlichen, gegen jedes Übel lasse sich Abhilfe schaffen und jeder Schaden wieder gutmachen.

Ich lebe seit Jahren in einer Welt, in der das Leben einen dicken Rand aus Vorhersehbarkeit hat.

Der Einstellung der Deutschen zur Vorsorge kommen die Versicherungsunternehmen entgegen. Es gibt in Deutschland eine unbegrenzte Zahl von Versicherungspolicen, die das Risiko, materiellen Schaden zu erleiden, ohne dafür entschädigt zu werden, praktisch auf null reduzieren. Einmal hatte ich für ein paar Tage die Katze einer Freundin in Pflege. Sie hatte mir versichert, die Katze sei ruhig und friedlich, aber dass sie es gewohnt war, auf dem Bett zu schlafen, hatte meine Freundin zu erwähnen vergessen. Und so wollte es sich das Tier auf meinen Bett bequem machen, womit ich nicht einverstanden war. Schon in der ersten Nacht kletterte die Katze aus Zorn, weil sie aus dem Schlafzimmer verbannt worden war, die

Tapete in der Diele hinauf und zerfetzte sie dabei. Aus dem Urlaub zurück, ließ sich die Katzenbesitzerin von der verwüsteten Tapete nicht aus der Fassung bringen, sondern sagte, die Katze sei versichert, und die Versicherung werde mir eine neue Tapete für meine Diele bezahlen.

Einmal war ich mit ein paar Freunden an der Nordsee. Wir saßen im Innenhof eines Cafés, aber ich konnte mich nicht recht entspannen und die wunderbare Waldbeerentorte auf meinem Teller genießen, weil ich besorgt beobachtete, was der kleine Simon anstellte. Nachdem er aus dem Lattenzaun, der einen Baum schützte, ein Stück herausgebrochen hatte, wandte er sich dem Gartenschlauch zu und traf Anstalten, den Hof und die Gäste zu gießen. Die Eltern versuchten mich zu beruhigen, indem sie beteuerten, ihr Simon sei versichert. Auch die Großeltern des kleinen Rabauken hatten schon die Versicherung in Anspruch genommen und sich die vom Enkel angerichteten Schäden im Haus ersetzen lassen. Ich stellte mir vor, was für ein Gesicht meine Mutter machen würde, wenn ich zu ihr sagte: Mach dir nichts draus, wenn die Kinder mit dem Hammer den Fußboden traktierten, sie sind ja versichert!

Aber Katzen haben eben Krallen, und Kinder richten Unheil an, das ist so seit Anbeginn der Welt. In meiner Kindheit war mein Großvater meine Versicherung, der »Nonno, der alles repariert«.

Doch die andere Seite der »Rundumversicherung« ist das Gefühl, sich in einer Welt zu bewegen, in der es von schrecklichen Gefahren nur so wimmelt. An öffentlichen Orten weisen Schilder auf die Selbstverantwortlichkeit des Individuums hin – sie erinnern also daran, dass seine Versicherung zuständig ist, wenn etwas schief geht. »Die Benutzung des Wickeltisches erfolgt in eigener Haftung«, steht in manchen öffentlichen Toiletten, als wüssten Eltern nicht, dass ihr Baby, wenn es auf einem Wickeltisch allein gelassen wird, herunterfallen und sich verletzen kann. (Überflüssig sind auch die Schilder mit der Aufforderung, die Toiletten in dem Zustand zu verlassen, in dem man sie vorgefunden hat: Nie werde ich aufhören, den Gemeinsinn der Deutschen bei der Benutzung öffentlicher Toiletten zu bewundern.)

»Das Betreten der Schrebergärten erfolgt auf eigene Gefahr«, steht auf den Schildern am Eingang zu den Kleingartenkolonien. Wenn ich diese Warnung lese, stelle ich mir wilde Riesenkaninchen vor, die hinter den Zäunen den Passanten auflauern, oder durchgedrehte elektrische Heckenscheren, die einen Unglücksraben verfolgen und die Speichen seines Fahrrads durchsäbeln.

»Eltern haften für ihre Kinder« las ich auf dem Land; das Schild hing an einem Elektrozaun rund um ein Pferdegehege. Was hätte diesmal passieren können? Ein kleiner elektrischer Schlag, ein Pferdebiss, oder fürchteten die Besitzer, die Kinder könnten das Pferd vergiften, wenn sie es mit Gras vom Wegesrand fütterten, oder, noch schlimmer, sie könnten es streichelnderweise belästigen?

Anscheinend haben die Deutschen ein maßloses Sicherheitsbedürfnis.

Auf dem Land sind an den Wanderwegen, an Seerundwegen immer präzise die Kilometer und Meter bis zu einem bestimmten Ziel angegeben. Wenn man in der Stadt um Auskunft bittet – nach einer Straße oder einem bestimmten Geschäft –, enthält die Antwort immer eine Entfernungsangabe: dreihundert Meter, sechshundert Meter … Kürzlich wollte ich im Freibad ins Wasser springen und fragte einen Jugendlichen im Becken, ob das Wasser dort tief sei. Er tauchte ab, und als er wieder an die Oberfläche kam, sagte er: »Zweieinhalb Meter!«

Das Genauigkeitbedürfnis färbt auch auf das Verhältnis der Deutschen zur Zeit ab, was mich immer sehr beeindruckt hat. Damit meine ich nicht so sehr die Pünktlichkeit, ein allzu abgenutztes Klischee. Was mich hingegen fasziniert, ist die Fähigkeit dieses Volks, etwas so Ungreifbares wie Stunden und Minuten zu beherrschen. Es ist, als gehörte ihnen die Zeit. Vor allem die Zeit, die noch kommen wird. Die Zukunft.

Als ich nach Deutschland kam, versetzten mich die detaillierten Fahrpläne an den Bushaltestellen in allergrößtes Erstaunen. Jede Stunde, jede Minute war angegeben. Und die Busse, die mitten im Verkehr fahren und nicht immer eigens reservierte Fahrbahnen zur Verfügung haben, halten sie tatsächlich ein, sogar zu Stoßzeiten. Für eine Italienerin ist das eine unerklärliche Zauberei.

Wenn man in Berlin an einem U-Bahnhof umsteigt, zeigt ein Display an, in wie vielen Minuten der Zug der anderen Linie einfährt, und da man bis dorthin diverse Gänge und Treppen hinter sich bringen muss, kann man das Tempo genau bestimmen, niemand muss sich sinnlos abhetzen. Errungenschaften der Technik? Aber die Informatikprogramme sind auch bis nach Mailand und Turin vorgedrungen. Auch hier werden die Wartezeiten an den Displays der Bushaltestellen angezeigt – nur schade, dass man sich so selten darauf verlassen kann! Lediglich der U-Bahn gelingt es, Zeiten einzuhalten, weil sie in den unterirdischen Tunnels nicht den Unwägbarkeiten des Oberflächenverkehrs ausgesetzt ist.

In fast jedem deutschen Haushalt steht eine kleine Zeitschaltuhr, die Eieruhr. Sie wurde erfunden, um die Kochzeit von Eiern zu bestimmen, und wird auch für Tee und sogar für Nudeln verwendet. »Wie lange dauert es, bis die Nudeln gar sind?«, wurde ich oft gefragt, als ich noch neu in Deutschland war. Ich hatte keine Ahnung – ich pflegte vor dem Abgießen immer eine Nudel zu probieren oder einfach mit der Gabel ihre Konsistenz zu prüfen. Nun bestimmte die Eieruhr mit ihrem schrillen Alarm die Kochzeit.

Eines Tages besuchten wir alle zusammen einen nahen Verwandten auf dem Land, ohne uns vorher anzumelden. Er freute sich, uns zu sehen, sagte jedoch, er habe leider nicht viel Zeit, weil er gleich einen Termin mit seiner Frau habe, mit der er etwas Wichtiges besprechen müsse. Sie war noch in der Badewanne. Er schenkte uns etwas zu trinken ein, für Kaffee war keine Zeit. Er habe nur zehn Minuten, sagte er und stellte die Eieruhr. Mitten in einem Satz ertönte der Alarm, die Zeit war um. Wir standen auf und gingen, nicht ohne eine gewisse Heiterkeit, freiwillig zur Tür. Bis zu diesem Erlebnis wäre ich nie auf die Idee gekommen, dass die kleine Eieruhr auch die Garzeit einer Beziehung anzeigen kann.

Um ihr Selbstvertrauen zu festigen, organisieren die Deutschen Seminare mit dem Ziel, die Teilnehmer so gut wie möglich für die Unwägbarkeiten und Erwartungen ihres Umfelds zu wappnen: für den Arbeitsplatz, die männlich dominierte Welt, auf die sich die Frauen vorbereiten müssen, um mithalten zu können, die Welt der Erwachsenen, in die einzutreten die Jugendlichen sich anschicken.

Es gibt Hunderte unterschiedlichster Kurse, intensive und extensive, in denen man lernt, alles richtig zu machen. Für junge Mütter gibt es Kurse, in denen sie lernen, ihr Neugeborenes im Arm zu halten. Für die Fortgeschrittenen gibt es auf Wunsch auch Kurse, in denen Massagepraktiken für Kleinkinder zur Erhöhung des Wohlbefindens und zur Entspannung unterrichtet werden. Ich habe mich gefragt, ob diese Kurse vielleicht raffinierte Varianten des allgemeineren Kurses »Wie man die eigenen Kinder berührt und streichelt« sind.

Im sechsten Schwangerschaftsmonat hielt ich den Zeitpunkt für gekommen, mich zu einem Geburtsvorbereitungskurs anzumelden. Ich rief mehr als zwanzig Hebammen an, aber es gab nirgendwo mehr freie Plätze. Es war zu spät. Offenbar hätte ich mir gleich nach dem positiven Schwangerschaftstest einen Platz suchen müssen. Schließlich fand ich doch noch eine Lücke. In dem Kurs, der auch von den werdenden Vätern besucht wurde, konnten die Frauen alle ihre Ängste aussprechen und bereden, so dass am Schluss jede Teilnehmerin nicht nur die eigenen Ängste, sondern auch die aller anderen kannte. Dann übten wir Schreien. Auf das Kommando der Hebamme mussten wir alle zusammen brüllen … Obendrein ließ unsere »Lehrerin« uns auch Wehenübungen machen und zeigte unseren Partnern, wo sie drücken mussten, nämlich weit unten an der Wirbelsäule, damit wir lernten, auch unter Schmerzen regelmäßig zu atmen und nicht die Selbstbeherrschung zu verlieren. Ich muss zugeben, dass ich die Selbstbeherrschung total verlor, als sich die Hebamme ausgerechnet mein Hinterteil aussuchte, um den anderen den richtigen Punkt zu zeigen: Der Druck ihrer Hand verursachte mir einen unerträglichen Schmerz. Ich war nicht bereit, jetzt schon und grundlos zu leiden – als wäre das, was mich einen Monat später im Kreißsaal erwartete, nicht genug. Als wüsste ich mit dreißig Jahren nicht, dass Schreien die normale Reaktion auf einen qualvollen Schmerz ist. Der Gedanke, ich müsste es erst lernen, schien mir ganz einfach absurd … Das brachte ich zum Ausdruck, indem ich tief und regelmäßig atmete und vollendet schrie. Die Hebamme und die anderen Teilnehmerinnen sahen mich erschrocken an, während ich, außer mir, diesen Ort verließ und meine Geburtsvorbereitung mitten im Kurs abbrach. Ich glaube, die anderen schoben meine Reaktion auf den Schwangerschaftsstress – weil ich so lange nach einem Platz in einem Vorbereitungskurs gesucht hatte, war ich schon kurz vor dem Geburtstermin, und mein Bauch hielt es nicht mehr aus, drei Stunden auf dem harten Boden hin- und hergeworfen zu werden, während ich mir Vorhersagen des Grauens anhörte und haarsträubende Übungen vollführte. Vielleicht dachten sie auch einfach, das aufbrausende Verhalten liege in der südländischen Natur. Und gingen sehr nachsichtig mit mir um.

Monate später begegnete ich zufällig einer Teilnehmerin aus meinem Kurs, die damit beschäftigt war, »das geeignetste« Spielzeug für ihr Kind auszusuchen, um ihm die »richtigen Stimuli« zu verschaffen. Ihr Baby konnte zu diesem Zeitpunkt noch nach nichts anderem greifen als nach der Mutterbrust. Wer weiß, ob sich seine Eltern auch schon Sorgen um seine Zukunft machten: das Ozonloch, die Arbeitslosigkeit …

Jeden Monat bringen Radio und Fernsehen die neuen Arbeitslosenstatistiken, als könnte sich von einem Monat zum anderen die Situation grundlegend ändern. Als entspräche die Zu- oder Abnahme der Beschäftigung von einem Monat zum nächsten tatsächlich dem Stand der Dinge und nicht vielmehr den Verschiebemanövern der Arbeitsämter, die Beschäftigungsmaßnahmen oder Fortbildungskurse erfinden, um das Heer der Arbeitslosen auszudünnen. Alle halbe Stunde bringt das Radio den Wetterbericht, als würde das Wetter durch die Vorhersage eines dauernden Wechsels aus Regen, Wind und Sonnenschein, wie er für den Norden typisch ist, weniger veränderlich. Auch im Winter, wenn der Himmel unwandelbar grau bleibt, erfolgen die Vorhersagen jede halbe Stunde.

Allerdings hat diese Neigung, zukunftsorientiert zu leben, gewisse Vorteile für die gesellschaftliche Planung, auch wenn sie nicht unbedingt zum Wohlergehen des Einzelnen beiträgt. Seit vielen Jahren entwerfen und verabschieden die deutschen Parlamente Gesetze zur Pflegeversicherung, damit ein bestimmter Prozentsatz der Gehaltsabzüge eben den pflegebedürftigen alten Menschen zukommt. Die Altenheime nehmen zu und sind in den Städten und auf dem Land inzwischen ein häufiger Anblick.

Gleichzeitig wird auch der Pflege der Umwelt viel Aufmerksamkeit zuteil, denn man will ja nicht den Nachkommen eine Welt hinterlassen, die durch die Nachlässigkeit und Kurzsichtigkeit der Generation, die gelebt hat, als wäre sie die letzte auf Erden, ruiniert wurde.

Ich erinnere mich an einen Ausflug mit einem alten Freund aus Mailand rund um den Ratzeburger See, der sich zum Teil entlang der ehemaligen deutsch-deutschen Grenze erstreckt. Mein Freund gab zu, dass er noch nie fünf Kilometer hintereinander an einem so friedlichen Ort inmitten von Blumenduft, Vogelgesang und dem Geschnatter der Enten spazieren gegangen sei. Zum ersten Mal in seinem langen Leben erblickte er ein echtes Wiesel, das sich neugierig auf einem Holzsteg zeigte. Auf dem Reetdach eines Hauses bewunderte er das größte Storchennest, das er je gesehen hatte. In Ratzeburg und Lübeck blieb er stehen, um an den Rosen zu schnuppern, die sich an Hausmauern emporrankten und die Eingänge umrahmten. Und auch die deutschen Fischgerichte schmeckten ihm. »Wäre das Klima nur ein bisschen milder, wäre das ein von Gott gesegneter Ort!«, lautete sein Kommentar, und er gestand mir, das alles lasse ihn an die riesigen Geranien denken, die seine Mutter im Garten ihres Hauses in Kalifornien zog.

Die Italiener haben nicht die leiseste Ahnung, was sie versäumen, wenn sie auf ihren Reisen Deutschland links liegen lassen.

Das eigentliche Risiko, auf das man sich einlässt, wenn man in diesem Land lebt, ist, dass man sich schwer eingewöhnt, vor allem, wenn man anderswo jahrelang die Unsicherheit und Unwägbarkeit hässlicher Umgebungen erlebt hat. Man verwöhnt sich. Es gibt viel zu gewinnen. Aber auch so viel zu verlieren: Fatalismus, Resignation, Misstrauen, Geduld … und vielleicht auch ein wenig Toleranz.

Wenn der Bus ein paar Minuten zu spät kommt und vielleicht auch noch voller ist als sonst, werden die Leute ungeduldig, unduldsam und aggressiv. Das sind die Momente, in denen die Deutschen mich beunruhigen.

Wenn im Zug schon Reisende sitzen, ist er für Ulli halb voll, und er wirkt irritiert, weil so viele fremde Leute um ihn herum sitzen. Mir erscheint derselbe Zug halb leer, und ich bin froh, weil ich einen Platz gefunden habe.

Vor dem Krieg lebten die Dinosaurier

Wir waren von Hamburg kommend in Catania gelandet und warteten nun in der Maschine auf den Weiterflug, nämlich ein Stück zurück nach Lamezia Terme in Kalabrien. »Mamma, wann sind wir in Italien?«, fragt die vierjährige Alessia. »Wir sind doch schon in Italien«, erklärt ihre sechsjährige Schwester. »Wir sind schon in Italien?«, fragt Alessia verwirrt und sucht bei den Erwachsenen nach Bestätigung. Eine Frau, die neben uns sitzt, sagt zögernd: »Ja … wir sind in Sizilien …« »Und wann kommen wir dann in Italien an?«, fragt Alessia. »Wir sind wirklich schon in Italien«, versichere ich ihr. Sie sieht durch das Fenster die paar Quadratmeter Asphalt und in der Ferne die hitzeflirrenden Umrisse der Hochhäuser von Catania und protestiert: »Aber das ist nicht das Italien von den Großeltern!«

Auch mit Cecilia hatte ich etwas Ähnliches erlebt. Nachdem wir eine Woche mit deutschen Freunden in einem Bauernhaus in den Langhe verbracht hatten, nachdem sie eine ganze Woche echtes Eis gegessen und jeden Tag mit der Bäckerin und den Leuten auf der Straße nur Italienisch gesprochen hatte, erklärte Cecilia am Tag vor unserer Abreise ins Valle di Susa, wo die Großeltern wohnten, dem Bauern: »Morgen fahre ich nach Italien.«

Ich hatte es schon lange begriffen. Für meine Mädchen ist Italien weder ein geografischer noch ein politischer Begriff. Sondern eine Sache des Gefühls.

Ein damals vierjähriger Freund meiner Kinder stellte einmal eine Frage, die mich rührte. Emilian, der eine deutsche Mutter und einen Genueser Vater hat, stand an einem Fenster in unserer Hochhauswohnung, von der aus man einen schönen Blick auf die Stadt hat, und blickte hinaus. »Schau, Emilian, da hinten sieht man die Hafenkräne«, sagte ich zu ihm. Er suchte mit ernster Miene den Horizont ab und fragte mich dann: »Und wo ist Genua?«

Für meine Kinder gibt es die Nordsee und das Meer der Nonna. Im Meer der Nonna gibt es Fische mit Augen, in der Nordsee hingegen sind die Fische kopf- und schwanzlose Filets, zumindest sehen sie auf dem Markt so aus.

Augenlose Fische sahen wir auch auf dem Markt in dem Schleswig-Holsteiner Städtchen Elmshorn. Dort gab es neben der schönen roten Backsteinkirche einen Spielplatz, und meine Kinder wollten in der lauen Frühlingssonne eine Zeit lang spielen. Plötzlich verkündete Alessia, sie müsse Pipi machen. »Ich gehe ins Gebüsch«, sagte sie entschlossen und zeigte auf die Sträucher im Beet neben der Kirche. »Das geht nicht!«, sagte ich, als sie schon die Hose herunterließ. »Du kannst doch nicht mitten auf dem Platz Pipi machen!«

Sie hielt inne, und mir entfuhr ein Seufzer der Erleichterung, dass die Gefahr gebannt war. Dann fragte sie: »Was ist ein Platz?« Tief in ihrem Innern empfand die Mutter eine kleine Traurigkeit, denn sie kommt aus Turin, einer Stadt, wo die Plätze prunkvolle Wohnzimmer sind. Verdammt, die Plätze in Turin gehören zu den schönsten Italiens!

Hamburg hingegen hat den größten Platz der Welt. Es ist ein Platz, der immer wieder verschwindet, denn normalerweise gibt es ihn gar nicht. Wenn er aber auftaucht, wird er zum Treffpunkt für die ganze Stadt. Er ist aus Eis. Die Leute werden euphorisch, wenn die Außenalster, der große See mitten in Hamburg, zufriert. Die Feuerwehr misst die Dicke der Eisschicht, und sobald sie fünfzehn Zentimeter erreicht hat, ist die Bahn frei: Dann ist der Platz bereit für die Invasion der Eisläufer, der Kinder mit ihren Schlitten, der Würstchen- und Glühweinverkäufer, der Hunde und ihrer Besitzer, der unermüdlichen Spaziergänger, wie sie die Deutschen eben sind, die jetzt endlich auf dem kürzesten Weg von einer Seite der Stadt zur anderen gelangen, ohne den See umrunden zu müssen. Einmal habe ich auf diesem vereisten Platz sogar ein Krankenbett mit einem Patienten darin gesehen, das, von einer Schlittschuhläuferin geschoben, auf seinen vier Rädern über das Eis glitt.

Der Platz erscheint es nur alle paar Jahre, wenn es sehr kalt ist. Er hält sich nur einige Tage und begeistert die vom Eis erhitzten nordischen Gemüter, um dann wieder zu Wasser zu werden. Wenn er taut, füllt er sich wieder mit Segelbooten, Kanus, Enten und Schwänen.

Meine Kinder verstehen nicht viel von Plätzen, dafür viel von Bunkern. In vielen Stadtvierteln fallen einem die riesigen grauen, bis zu vier Stockwerke hohen fensterlosen Betonbauten ins Auge. Manche bekamen einen Anstrich, damit sie weniger imposant und unangenehm anzusehen sind. Die meisten jedoch stehen da wie graue Auswüchse zwischen den alten Gebäuden von der vorletzten Jahrhundertwende.

Den Kindern fällt ihre Anomalie im Vergleich zur übrigen Stadtlandschaft auf. »Was ist das, Mamma?« Das sind

Bunker, antworte ich. Und ich erkläre, zu welchem Zweck sie entstanden und dass sie jetzt unzerstörbar sind, weil sie ja dafür gebaut wurden, Bombeneinschlägen zu widerstehen. Ich erzähle ihnen, dass meine Mutter wegen der Bomben Turin verlassen und im Haus ihrer Großmutter in einem Bergtal, wo normalerweise keine Bomben fielen, Zuflucht gesucht hatte. Ich erzähle ihnen, dass es in Deutschland weniger alte Häuser gibt als in Italien, weil der Krieg so viel Zerstörung über das Land gebracht hat.

Eines Tages besuchte uns Elke, eine Freundin im Alter meiner Mutter. Cecilia, deren erster Schultag bevorstand, führte ihr stolz ihre Schultasche vor. Sie fragte sie, ob sie auch so eine schöne Schultasche bekommen habe. Elke erklärte, dass sie mitten im Krieg mit der Schule angefangen und keine richtige Schultasche gehabt habe, weil damals niemand mehr etwas besaß. Auch sie war wie Cecilias Nonna aufs Land geflüchtet, um den Bomben zu entrinnen.

»Aber zu uns kommt kein Krieg mehr?«, fragte Alessia daraufhin.

Ich versuchte, sie zu beruhigen, und wollte um meiner Töchter willen glauben, dass Krieg für den Teil der Welt, in dem wir leben, etwas weit Zurückliegendes ist, eine Katastrophe, die für immer der fernen Vergangenheit angehört und die nur noch wenige selbst erlebt haben.

Vor dem Krieg, nach dem Krieg … Das ist eine Art zu denken, die ich, wie ich merke, selbst übernommen habe, und ich ertappe mich dabei, dass ich schon wie meine Mutter und meine Großmutter rede, mit dieser historischen Zäsur im Kopf, als wäre der Krieg Teil meiner gelebten und nicht der gelernten Erinnerung.

Eines Tages gestand ich Cecilia, dass mir die »nach dem Krieg« erbauten Häuser meistens nicht gefielen, und meinte damit eine Reihe trauriger, kleiner Häuschen, an denen unser Radweg entlangführte. Zu der Zeit interessierte sich Cecilia für die Evolution, und sie fragte mich oft nach den Müttern und Vätern tierischer Organismen – eines Tages wollte sie sogar wissen, wer die Mutter von Gott sei. An jenem Tag fragte sie mich beim Anblick der hässlichen Nachkriegshäuser: »Mamma, hat es vor dem Krieg Dinosaurier gegeben?«

Über die Dinosaurier-Frage musste ich oft nachdenken. Cecilia hat nicht Unrecht: Vor dem Krieg gab es tatsächlich Dinosaurier. Mein Großvater zum Beispiel war ein Dinosaurier, er erinnerte sich noch an die Pferdetrambahnen, außerdem hatte er Ideale, starke moralische Prinzipien, und riskierte sein Leben, um sie zu verteidigen. Ich erzähle meinen Kindern viel von ihm, damit sie vielleicht eines Tages eine Verbindung zu dieser Vergangenheit haben, von der ihre Generation nur noch aus langweiligen Geschichtsbüchern erfahren wird, weil dann von denen, die sie erlebt haben, keiner mehr auf der Welt ist, um davon zu berichten.

Irgendwann werden sie auch von der Vergangenheit Deutschlands erfahren und nach ihrem deutschen Großvater fragen. Ich wünsche mir aber, dass er in ihrer Erinnerung der fröhliche, extravagante Mann bleibt, der ihnen die Namen der Schmetterlinge beibrachte und ihnen Pfannkuchen buk, die er zum Wenden geschickt in die Luft warf. Und dass sie, wenn sie das Gefühl haben, diese deutsche Vergangenheit gehe auch sie an, nicht allzu schwer an ihr zu tragen haben, weil sie sich sagen können, dass auch ein italienischer Dinosaurier zu ihren Vorfahren gehört.

Zum Glück kam es Alessia und Cecilia nie in den Sinn, in Italien von den Bunkern zu erzählen und von den Hamburger Plätzen, die wie fliegende Teppiche kommen und gehen. In den Augen meiner Landsleute würden sie dadurch nur noch fremdartiger.

Ich habe schon erlebt, dass Bekannte »das Deutsche« an meinen Kindern an äußeren Merkmalen zu erkennen meinten. »Man sieht, dass sie Ausländerinnen sind«, sagte mir einmal ein Mann und meinte ihre blauen Augen, die sie ganz eindeutig von ihrer italienischen Mutter geerbt haben. Sogar mein Vater verschonte uns nicht mit Witzen über die leicht schräg stehenden Augen der Größeren, die er ein bisschen »chinesisch« fand. Tante Cata aus Reggio Calabria hingegen stellte beunruhigt bei Cecilia keinerlei Ähnlichkeit mit der Familie Romeo fest. Ich musste an die Generationen von Vettern und Kusinen denken, die untereinander geheiratet hatten, und an Tante Maria, die Schwester meines Vaters und meiner Tante Cata, die ihren dreißig Jahre älteren Onkel geheiratet hatte. Sie hatte drei Kinder zur Welt gebracht, zwei Mädchen und den Jungen Pepé, dessen Gesicht unverkennbar die Familienähnlichkeit aufwies und dessen Gehirn unverkennbar geistig zurückgeblieben war. Jedenfalls konnte ich Tante Cata, die über Cecilias fremdes Aussehen betrübt war, mit einem guten Argument trösten: dass sich Blut und Gesichtszüge ein wenig mischten, fände ich vorteilhaft für das Vorankommen des Menschengeschlechts, auf jeden Fall aber für die Weiterentwicklung unserer Sippe.

Dieses Gemisch hatte zweifellos eine wohltuende, fast schon therapeutische Wirkung auf unsere Familie. Wenn Cecilia und Alessia ihre Großmutter in Italien besuchen, kommt meine Mutter manchmal ins Bad, um ihren Enkelinnen beim Aussteigen aus der Wanne zu helfen. Vor allem, wenn sie frisch aus Deutschland eingetroffen sind, kann es passieren, dass sie miteinander Deutsch sprechen, die Sprache, bei der ihre Großmutter immer eine Gänsehaut bekam. Jetzt ist Deutsch auf einmal nicht mehr die barsche, bedrohliche Sprache feindlicher Soldaten, die ihr als Kind in den Ohren geklungen hatte. »Sie hat etwas Weiches, wenn die Mädchen sie sprechen«, gibt meine Mutter heute zu.

So haben zwei Kinderstimmen die stets auf der Lauer liegenden Geister der Erinnerung besänftigt.

Wenn sie miteinander Gnocchi machen, bringen Cecilia und Alessia der Großmutter das Wort »Kartoffeln« bei, sie versucht es nachzusprechen, schafft es nicht, und alle lachen sich schief.

Die große Geschichte mit den Wunden der Vergangenheit hat unser Haus verlassen, an ihre Stelle ist die Normalität des Alltags getreten. Bei uns seift sich das vereinte Europa in der Badewanne ein, hat zwei erfahrene, schwielige Hände, die geschickt Teig kneten, und vier flinke Händchen, die Gnocchi stehlen und noch roh in zwei Münder schieben. Onkel Toni sagt dann zu den kleinen Gaunerinnen: »*Naain, naain* …«, und Nonna schimpft gutmütig mit ihnen, dann dreht sie den Wasserhahn auf und wäscht das Mehl von den Händen der Mädchen und ihrer eigenen Haut, die jetzt von der Angst geheilt ist.

Andreas Greve

In achtzig Tagen rund um Deutschland
Grenzerfahrungen

Von Aachen nach Aachen gegen den Uhrzeigersinn. Achtzig Tage In- und Ausland. Achtzig Tage Europa. Stippvisite auf Tausenden von Kilometern. Als Flaneur auf Rädern, aufgeweckter Reporter und unausgeschlafener Camper umrundete Greve die Republik. Er traf Menschen vor der Grenze, hinter der Grenze und auf der Grenze – an bekannten und unbekannten Orten. Mal angemeldet, mal unangemeldet, meist zufällig. Seine Erfahrung bei dieser Grenzerfahrung: Die Zeiten für Vorurteile sind schlechter geworden. Deutschland löst sich vom Rand her auf – aber nach Europa ist es noch weit. Abgesehen davon: Aldi ist wirklich überall – und es gibt zu viele Parkautomaten.

336 Seiten, gebunden, mit Karten

Hoffmann und Campe

Monika Jetter

Mein Kriegsvater
Versuch einer Versöhnung

Sie hat ständig Kopfweh, und kein Arzt kann ihr helfen. Sie erkennt: Der Schmerz macht sie auf etwas aufmerksam, das sie jahrzehntelang verdrängt hat: ihre Erlebnisse als kleines Mädchen im Nachkriegsberlin, Jahre , in denen sie ihrem Vater ausgeliefert war, einem körperlich und seelisch verwundeten Heimkehrer. Sie sieht ein, dass sie sich mit ihrer Kindheit auseinander setzen muss.

Eine spannende Zeitreise und ein erschütternder Bericht über die Abgründe zwischen zwei Generationen: Monika Jetters in den neunziger Jahren beginnende Spurensuche, die sie an Orte ihrer Kindheit in der Nachkriegszeit und zu Lebensstationen ihres Vaters in den dreißiger und vierziger Jahren führt.

ca. 208 Seiten, gebunden

Heinrich Thies

Wenn Hitler tot ist, tanzen wir
Das Leben der Hilde Heart

Im Oktober des Jahres 1941 findet auf einem Bauernhof in der Lüneburger Heide eine feuchtfröhliche Geburtstagsfeier statt. Der polnische Zwangsarbeiter Eugeniusz Leśniewski fordert die 19 Jahre alte Landarbeiterin Hilde Meyerhoff zum Foxtrott auf, sie weist ihn zurück. »Wenn Hitler tot ist, können wir tanzen«, tröstet sie ihn, ein Satz, der ihr und Eugen zum Verhängnis wird. Sie kommt für drei Jahre ins Konzentrationslager, Eugen wird gehenkt. Der Grund: Zwischen der Deutschen und dem Polen soll sich ein verbotenes Liebesverhältnis entsponnen haben. Zudem wird dem Mädchen vorgeworfen, es habe Hitler den Tod gewünscht. Das ist der Beginn einer Odyssee, die Hilde über Ravensbrück, eine langjährige Ehe und andere Stationen zurück nach Norddeutschland führt, wo sie heute zurückgezogen in einem Dorf lebt.

256 Seiten, gebunden, mit Fotos